AF453426

CONVERSATIONS
CHRÉTIENNES

dans lesquelles

ON JUSTIFIE LA VERITE'
DE LA RELIGION
ET
DE LA MORALE
DE JESUS-CHRIST.

A MONS,

Chez GASPARD MIGEOT, en
la ruë de la Chauſsée, à l'Enſeigne
des trois Vertus.

M. DC. LXXVII.

AVERTISSEMENT.

APRÉS avoir lû plu-
fieurs fois la *Récher-
che de la Verité*, &
medité les réflexions
Chrêtiennes qui font répan-
duës dans cét Ouvrage, j'ai crû
que j'avois dequoi juftifier la
Verité de la Religion & de la
Morale par des raifons qui me
paroiffent affez claires. Peut-
être que ceux qu'on appelle
Cattefiens en demeureront
d'accord, car je ne fuppofe rien
qui foit neceffaire pour la fuite dont on ne convienne, &
cette maniere de raifoner leur
plait. Comme il eft bon de faire
voir à toutes fortes de perfonnes, que la Religion Chrêtien-

ne eſt parfaitement conforme
à la raiſon, j'ai penſé que cét
Ouvrage ne ſeroit pas entierement inutile, car les Carte-
ſiens ne ſont peut-être pas ſi à
negliger. Mais outre ces Philoſophes, j'eſpere qu'il ſe trou-
vera de perſonnes, qui n'é-
tant point contentes des preuves qu'on tire de la Philoſophie des Anciens, ſe trouverõt
convaincuës par celles qu'on
apporte dans ce Livre, pourvû
qu'ils le liſent avec attention.
C'eſt là la ſeule choſe qu'on
leur demande : Car c'eſt l'application qui produit la lumiere & qui éclaire l'eſprit. On
verra dans la ſuite ſi l'on n'a
point eu trop bonne opinion
de cét eſſai.

TABLE
des Entretiens.

TABLE.

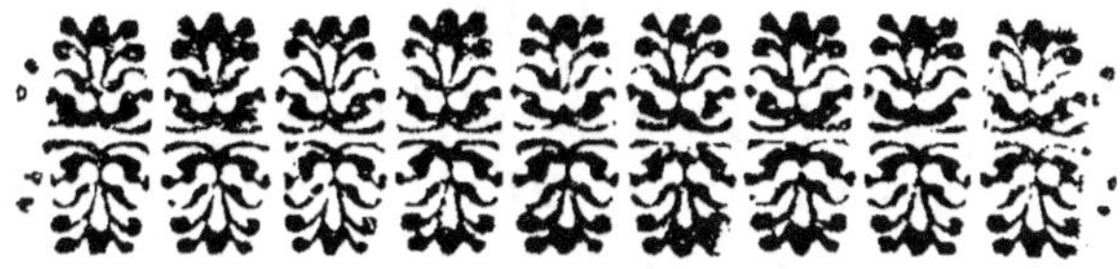

CONVERSATIONS
CHRÉTIENNES
SUR LA VERITE'
DE LA RELIGION.

ENTRETIEN I.

Qu'il y a un Dieu, & qu'il n'y a que lui qui agisse veritablement en nous, & qui puisse nous rendre heureux ou malheureux.

ARISTARQUE. Il faut que je vous déclare, mon cher Theodore, que je ne suis point content de nos conversations passées. Je vous ai entretenu de mes voyages, & de quelques avantures de mes dernieres campagnes ; vous les sçavez, ne m'en demandez pas d'avantage. Vous me dîtes hier une parole qui me penetra de telle maniere que je suis insensible à toutes les choses , qui jusqu'ici m'ont extrémement agité , j'en réconnois le vuide & le neant : je veux des biens solides & des veritez certaines.

THEODORE. Rendez graces, Aristarque, à vôtre liberateur , remerciez celui qui rompt vos liens , & qui change vôtre cœur. J'ai parlé long-temps à vos oreilles, mais enfin celui qui me donnoit des paroles , vous en a fait comprendre le sens. Vous avez vû la verité , & vous l'aimez ; vous souhaitez de la voir plus clairement, afin de l'aimer plus ardemment.

Ne pensez pas , Aristarque , que ce qui vous éclaire, & qui fait naître en vous l'ardeur que vous sentez presentement , soit une parole dite en l'air, qui ne frappe que le corps ou cét homme fenfible, qui eft incapable d'intelligence. Combien de fois vous ai-je dit ces mêmes chofes, fans que vous en ayez été convaincu ? Je les difois alors à vos oreilles, mais la lumiere de la verité ne luifoit pas dans vôtre efprit; ou plûtôt, puifque cette lumiere nous eft toûjours prefente, elle luifoit dans vôtre efprit ; mais elle n'éclairoit pas vôtre efprit. Etant hors de vous même, vous écoutiez un homme qui ne parloit qu'au corps. Vous êtiez dans les tenebres, & vous n'êtiez point tourné vers celui qui feul eft capable de les diffiper.

Apprenez donc, mon cher Ariftarque, à rentrer dans vous même, à être attentif à la verité interieure, à demander & à recevoir les réponfes de nôtre Maître commun. Car fans cela, je vous avertis que toutes mes paroles feront fteriles & infructueufes, & femblables à toutes celles que je vous ai déja dites, deſquelles à peine vous avez quelque ſouvenir.

ARISTARQUE. Je veux bien faire tous mes efforts pour vous ſuivre, mais j'apprehende que je ne le puiſſe ; car j'ai même de la peine à bien comprendre les choſes que vous venez de me dire.

THEODORE. Dans la paſſion preſente qui vous anime, vous ne manquerez pas d'être attentif à toutes les choſes que je vous dirai, mais vous ne les comprendrez pas toûjours. Il eſt difficile que vôtre attention puiſſe être aſſez pure, & vôtre intention aſſez deſintereſſée, pour être toûjours recompensée de la veüe claire & diſtincte de la verité.

L'attention de l'eſprit eſt la priere naturelle que nous faiſons à la verité interieure, afin qu'elle ſe découvre à nous ; mais cette ſouveraine verité ne répond pas toûjours à nos deſirs : parce que nous ne ſçavons pas comme il la faut prier.

Nous l'interrogeons ſouvent ſans

sçavoir ce que nous lui demandons;
comme lorsque nous voulons résoudre des questions, dont nous ne
connoissons pas les termes.

Nous l'interrogeons, & nous lui
tournons le dos, sans vouloir attendre ses réponses; comme lors que
l'inquiétude nous prend, & que nôtre imagination s'irrite de ce que
nous pensons à des choses, qui
n'ont point de rapport au bien du
corps.

Nous l'interrogeons, & nous fai-
sons effort pour la corrompre, lors
que nos passions nous agitent, &
que nous voulons que ses réponses
s'accordent avec nos sentimens.

Enfin nous l'interrogeons, nous
écoutons ses réponses, & nous ne
les comprenons pas, lors que nos
préjugez nous préoccupent, que
nôtre esprit est rempli de faulses
idées, & que nôtre imagination
est toute salie d'une infinité de traces obscures & confuses, qui nous
représentent sans cesse toutes choses par rapport à nous. Alors Dieu

parle & le corps auſſi , la raiſon &
l'imagination , l'eſprit & les ſens.
Il ſe fait un bruit confus , & l'on
n'entend rien ; les tenebres ſe mê-
lent avec la lumiere , & l'on ne voit
rien. Car on ne peut pas toûjours
diſcerner ce que Dieu nous dit immediatement & par lui même pour
nous unir à la verité,de ce qu'il nous
dit par nôtre corps pour nous unir
aux choſes ſenſibles.

Les differentes occupations de
vôtre vie ont rempli vôtre eſprit
d'un grand nombre de préjugez, qui
lui ont imprimé un certain caractere qu'on eſtime fort dans le monde ; mais qui eſt cependant comme
le ſçeau de ces préjugez. Vous avez
beaucoup étudié les livres de certains ſçavans , qui font gloire de
douter de toutes choſes , & qui cependant en parlent déciſivement:&
j'apprehende qu'à leur exemple vous
ne prétendiez dans la ſuite que je
vous prouve des notions communes , & que je reçoive pour principes des ſentimens qui ſont entiere-

ment inconnus à la plûpart des hommes.

Il est encore assez difficile que les voyages que vous avez faits ne vous ayent trop répandu hors de vous, & ne vous ayent fait l'esprit trop cavalier, pour écouter avec attention des choses dont vous n'avez point oüi parler parmi des voyageurs ni parmi des gens de guerre.

Vous ne croyez pas présentement que vos études & vos voyages vous ayent corrompu la raison, & vous ayent préoccupé de beaucoup de sentimens peu raisonnables. Vous avez quelque sujet de ne le pas croire, & je ne veux point encore vous en convaincre. Mais afin que dans la suite de nos conversations, nous ayons quelque personne, qui puisse en quelque maniere accorder les petits differens, qui pourront naître de la varieté de nos idées ; prenons pour troisiéme un jeune homme que le commerce du monde n'ait point gâté, afin que la nature seule parle

en lui , & que nous puiſſions réconnoître lequel de nous deux eſt
préoccupé. Il me ſemble qu'Eraſte
qui nous écoutoit ces jours paſſez,
ſeroit fort propre à ce deſſein. Je
remarquois par l'air de ſon viſage
qu'il rentroit ſouvent dans lui-même pour confronter nos ſentimens
avec ceux de ſa conſcience, & qu'il
approuvoit toûjours ceux qui
étoient les plus raiſonnables ; quoiqu'il demeurât comme interdit &
comme ſurpris ſans rien juger ,
lors qu'il vous entendoit dire certaines choſes que vous avez leuës
dans les livres.

ARISTARQUE. Vous lui faites
bien de l'honneur à mes dépens,
mais je n'y trouve rien à rédire. Ce
jeune homme eſt ſi aimable qu'outre les liens de la parenté , j'ai toutes les raiſons du monde de me ré-
joüir de l'eſtime que vous faites de
ſon eſprit. Je conſens à tout ; mais
le voici qui entre fort à propos.

ERASTE. Vous plaît-il, Meſſieurs,
me faire la même grace que vous

me fîtes ces jours paſſez ? Voulez-
vous bien me ſouffrir ici ?

ARISTARQUE. Tres - volontiers,
Eraſte. Nous penſions à vous envoyer querir... Je viens, Theodore,
de vous dire ma réſolution, & vous
l'approuvez. Philoſophons je vous
prie, mais Philoſophons d'une maniere Chrètienne & ſolide. Inſtrui-
ſez-moy des veritez eſſentielles, &
qui ſont les plus capables de nous
rendre heureux. Comment prouveriez-vous qu'il y a un Dieu, car
je croi que c'eſt par là que nous devons commencer.

THEODORE. L'exiſtence de Dieu
ſe peut prouver en mille manieres,
car il n'y a aucune choſe qui ne
puiſſe ſervir à la démontrer ; & je
m'étonne qu'un homme comme
vous ſi ſçavant dans la lecture des
anciens, & ſi habile en toutes manieres, ſemble n'en être pas convaincu.

ARISTARQUE. J'ens ſuis convaincu par la foi, mais je vous avoüe

que je n'en suis pas pleinement convaincu par la raison.

THEODORE. Si vous dites les choses comme vous les pensez, vous n'en êtes convaincu ni par la raison, ni par la foi. Car ne voyez-vous pas que la certitude de la foi vient de l'autorité d'un Dieu qui parle, & qui ne peut jamais tromper. Si donc vous n'êtes pas convaincu par la raison qu'il y a un Dieu, comment serez-vous convaincu qu'il a parlé ? Pouvez-vous sçavoir qu'il a parlé, sans sçavoir qu'il est : & pouvez-vous sçavoir que les choses qu'il a revelées sont vraies, sans sçavoir qu'il est infaillible, & qu'il ne nous trompe jamais ?

ARISTARQUE. Je n'examine pas si fort les choses ; & la raison pour laquelle je le croi, c'est parce que je le veux croire, & qu'on me l'a dit ainsi toute ma vie. Mais voyons vos preuves.

THEODORE. Vôtre foi est bien humaine, & vos réponses bien cavalieres ; je voulois vous apporter les preuves de l'exiſtence de Dieu les plus ſimples & les plus natureles ; mais je réconnois par la diſpoſition de vôtre eſprit qu'elles ne ſeroient pas les plus convaincantes. Il vous faut des preuves ſenſibles.

Voici bien des choſes qui nous environnent ; de quoi voulez-vous que je me ſerve pour vous prouver qu'il y a un Dieu ? de ce feu qui nous réjoüit ? de cette lumiere qui nous éclaire ? de la nature des paroles par le moyen deſquelles nous nous entretenons ? Car comme je viens de vous dire il n'y a aucune choſe qui ne puiſſe ſervir à faire connoître l'exiſtence de ſon Auteur, pourvû qu'on la conſidere avec toute l'attention dont on eſt capable.

Dieu agit ſans ceſſe dans tous ſes Ouvrages , & pour tous ſes Ouvrages. C'eſt lui qui nous éclaire par cette lumiere qui nous environne ; c'eſt lui qui nous réjoüit

Par ce feu qui nous échauffe ; &
c'eſt lui qui nous entretient lorſque
nous penſons nous entretenir les
uns les autres. Dieu ne fait & ne
conſerve aucune creature, qui ne
le découvre à tous les eſprits qui
font bon uſage de leur raiſon. Je
vais vous le faire voir. Cependant,
Eraſte, prenez garde que l'un de
nous deux ne vous préoccupe.
Répondez-moy, Ariſtarque, qu'eſt-
ce que le feu fait en vous ?

ARISTARQUE. Il m'échauffe.

THEODORE. Le feu cauſe donc
en vous du plaiſir ?

ARISTARQUE. Je l'avoüe.

THEODORE. Ce qui cauſe en nous
quelque plaiſir, nous rend en quelque maniere heureux.

ARISTARQUE. Il eſt vray.

THEODORE. Ce qui nous rend en
quelque maniere heureux, eſt en
quelque maniere nôtre bien : cela
eſt en quelque maniere au deſſus
de nous ; cela merite en quelque
maniere de l'amour & du reſpect.
Qu'en penſez-vous, Eraſte ? le feu

eſt-il en quelque maniere au deſſus
de vous ? le feu peut-il agir en
vous ? peut-il vous cauſer un plaiſir
qu'il n'a pas, qu'il ne ſent pas, qu'il
ne cónoît pas, & le cauſer en vous,
c'eſt-à-dire dans un eſprit, dans un
être infiniment au deſſus de lui ?

ERASTE. Je ne le penſe pas.

THEODORE. Voyez donc, Ariſtarque, ce que vous avez à répondre.

ARISTARQUE. Vous concluez
trop vîte, & je voi où vous allez.
Je diſtingue, le feu cauſe la chaleur, mais il ne cauſe pas le plaiſir.
Le plaiſir eſt un ſentiment de l'a-
me que l'ame cauſe en elle-même,
lors que ſon corps eſt bien diſposé,
elle s'en réjoüit, & ſa joie eſt ſon
plaiſir ; mais le feu cauſe cette chaleur que nous ſentons : car comme
il la contient en lui-même, il la
peut répandre au dehors.

THEODORE. Concevez-vous bien,
Eraſte, que c'eſt vôtre ame qui cauſe
en elle ſon plaiſir, & qu'elle le cauſe
lors qu'elle connoît que ſon corps
eſt bien diſposé ? Sçavez-vous bien

quels ſont les changemens qui arrivent préſentement à vôtre corps ? Le plaiſir que vous avez à vous chauffer, attend-il à naître en vous, que vous ayez réconnu ce qui ſe paſſe dans vos mains ? attend-il auſſi les ordres de vôtre ame, & ſentez-vous que cela dépende de vous, comme l'effet dépend de ſa cauſe ? Comprenez-vous bien auſſi que le feu contient effectivement cette chaleur que vous ſentez, cette chaleur que vous ne ſentez que lors que vos mains ſont hors du feu ? car lors que vos mains ſont dans le feu, qui ſelon le ſentiment d'Ariſtarque contient la chaleur, vous ne la ſentez point, mais une douleur tres-grande qui n'eſt peut-être pas dans le feu.

Lors que vous rentrez dans vous même pour conſulter vôtre raiſon, concevez-vous bien clairement que la matiere ſoit capable de quelques modifications differentes des mouvemens & des figures? Croyez-vous que c'eſt par la chaleur que le feu separe les parties du bois lors qu'il les brûle ? que c'est par la chaleur qu'il agite les parties de l'eau lors qu'il la fait boüillir ? que c'est par la chaleur qu'il purifie les metaux lors qu'il les fond ? qu'il fait sortir l'eau de la boüe lors qu'il la seche ? Qu'il pousse avec violence les boulets de canon, & qu'il renverse par les mines les murailles des Villes, & les tours les plus élevées ? Enfin avez-vous jamais reconnu dans le feu quelque effet qui prouve qu'il a de la chaleur ?

ERASTE. Il est vray que je ne comprens pas facilement que cette chaleur que je sens, soit capable de produire aucun des effets que vous venez de dire, & je ne voi pas même qu'il y ait de rapport entre cette chaleur & aucune des choses que fait le feu. J'ay assez réconnu par les effets, que le feu a du mouvement, mais je n'ai point encore réconnu qu'il y eût de la chaleur.

THEODORE. Vous penserez,

Ariſtarque à ce qu'Eraſte vient de dire, mais écoutez cependant les réponſes qu'il me va faire. Si j'appuyois cette épine ſur vôtre main, qu'y ferois-je, Eraſte?

ERASTE. Comme elle eſt pointuë, je m'imagine que vous y feriez un trou.

THEODORE. Qu'y ferois-je encore?

ERASTE. Si je ne dois dire que ce que je ſçai, vous n'y feriez rien davantage.

THEODORE. Mais que ſentiriez-vous?

ERASTE. Peut-être que je ſentirois quelque douleur.

THEODORE. Ce peut-être eſt bien judicieux, mais ſi je paſſois cette plume ſur vos lévres, qu'y ferois-je?

ERASTE. Vous en ébranleriez les fibres.

THEODORE. Qu'y ferois-je encore?

ERASTE. Rien davantage.

THEODORE. Mais que ſentiriez-vous?

ERASTE. Je n'en sçay rien.

THEODORE. Faites - en l'experience.

ERASTE. Je sens une espece de plaisir qui inquiéte, & qu'on peut appeller chatouïllement.

THEODORE. Que pensez-vous, Aristarque, des réponses d'Eraste ? Sont-elles justes ? en peut-on tirer directement quelque fausse consequence ? Il ne dit que ce qu'il entend de ce maître interieur qu'il consulte fidelement. Voyez comme il s'applique. C,a, Eraste, continuons ; Qu'est-ce que le feu produit dans vôtre main ?

ERASTE. Attendez, Monsieur, j'ai vû mettre beaucoup de bois dans la cheminée. Ce bois n'y est plus ; il en est donc sorti.

ARISTARQUE. Il est brûlé, il est aneanti.

ERASTE. A d'autres, aneanti. Je ne l'ai pas vû sortir, il faut donc qu'il en soit sorti en des parties invisibles. Il n'a pû en sortir sans qu'il ait changé de place, c'est-adire ſans mouvement. Le bois ſe diviſe donc ſans ceſſe,& ſes parties ſe meuvent de la cheminée vers mes mains. Ces parties ſont des corps ; elles heurtent contre mes mains. M'y voici Theodore, le feu ébranle aſſurement les fibres de mes mains.

THEODORE. Eſt-ce là tout,Eraſte?

ERASTE. C'eſt tout ce que je connois. Je n'aſſure que ce que je voi. Ai-je tort ?

THEODORE. Mais quoy , ne ſentez-vous rien ?

ERASTE. Je ſens de la chaleur.

THEODORE. Approchez-vous du feu , encore, encore quelque peu ; que ſentez-vous?

ERASTE. De la douleur.

THEODORE. C'eſt aſſez. D'où vient cette chaleur qui vous plaît, & cette douleur qui vous cuit ? cette chaleur qui vous rend plus content , cette douleur qui vous inquiéte & qui vous rend en quelque façon mal-heureux?

ERASTE. Je ne le ſçay pas.

THEODORE. Croyez-vous que le feu soit au deſſus de vous, & qu'il vous rende heureux ou mal-heureux ?

ERASTE. Non certainement, je ne le croi pas. Je ne croi ici que ce que je voi. Je voi que le feu peut remuër diverſement les fibres de ma main ; car les corps peuvent ce me ſemble, agir ſur les corps, mais ils ne peuvent communiquer des ſentimens qu'ils n'ont pas. Eſt-ce qu'une épine verſe la douleur par le petit trou qu'elle fait dans la chair ? Eſt-ce qu'une plume répâd le chatoüillement ſur les lévres lors qu'elle y paſſe. Non, Theodore, je ne croy pas que de tous les corps qui m'environnent, il y en ait aucun qui puiſſe me rendre plus heureux ou plus mal-heureux.

THEODORE. Courage, Eraſte, je voi bien que vous n'adorerez pas le feu ni méme le Soleil. Vous êtes déja plus ſage que ces fameux Chaldéens, que ces illuſtres Brachmanes, & que nos anciens Druïdes qui adoroient le Soleil.

ERASTE. Quoy ? il y a eu des hommes aſſez fous pour regarder le feu ou le Soleil comme des divinitez.

THEODORE. Oüi, Eraſte. Non quelques hommes ou quelques nations, mais preſque toutes les Nations, & les plus rénommées, comme les Grecs, les Perſes, les Romains & pluſieurs autres. Vous le demanderez à Ariſtarque. Il a lû les bons livres, il vous entretiendra pendant pluſieurs jours des differentes manieres dont differens peuples ont adoré le feu & le Soleil.

ERASTE. Je ne me ſoucie pas beaucoup de ſçavoir les folies des autres. Continuez s'il vous plaît, de m'interroger.

THEODORE. Je ſuis à vous, Eraſte. Mais vous, Ariſtarque, avez-vous comparé vos réponſes avec celles d'Eraſte ? Avez-vous pris garde comme il s'applique, comme il conſulte le maître qui l'enſeigne

dans le plus secret de sa raison ?
Il ne répond qu'aprés lui , Aristarque ; il n'assure que ce qu'il voit ;
& c'est pour cela que je vous deffie
de tirer directement aucune fausse
consequence de ses réponses. Mais
si vous y prenez garde , celles que
vous m'avez faites auparavant sur
les mêmes demandes , peuvent justifier en quelque maniere la Religion de ceux qui mettent le feu ou
le Soleil entre les Dieux : Car si le
feu ou le Soleil peut vous recompenser & vous punir, vous rendre
heureux ou mal-heureux , il faut
qu'il soit au dessus de vous, il faut
qu'il ait puissance sur vous,& vous
devez lui être soûmis ; car c'est
une Loy inviolable que les choses
inferieures doivent servir aux
choses superieures. Je ne vous en
dis pas davantage ; je vous assure
seulement que les Payens n'ont
jamais raisonné comme Eraste,
& qu'apparemment ils ont raisonné comme vous, puis qu'on voit
par leur Religion qu'ils ont tiré

les mêmes conſequences que je viens de tirer de vos réponſes.

Voyez-vous, Ariſtarque, quand c'eſt Dieu qui parle, quand c'eſt la verité interieure qui répond, il n'y a point de creature qui ne conduiſe au Createur. Vous comprendrez bien ceci dans la ſuite. Mais quand nous jugeons cavalierement de toutes choſes ſans conſulter d'autre maître que nôtre imagination ou la lecture des livres que certains faux ſçavans ont compoſés, il nous eſt impoſſible de nous approcher de Dieu.

ARISTARQUE. Je ne puis vous exprimer la joie que je reſſens dans cette nouvelle maniere de Philoſopher. Je me réjoüis de voir que les enfans & les ignorans ſont les plus capables de la veritable ſageſſe, & je ſuis ravi d'apprendre d'Eraſte des choſes auxquelles je n'avois jamais penſé. Ses réponſes m'inſtruiſent beaucoup plus que les grands raiſonnemens de nos Philoſophes; & il me ſemble que chacune de ses paroles répand dans mon esprit une lumiere pure qui n'ébloüit point par son éclat, & qui dissipe cependant toutes mes tenebres.

THEODORE. Je continuë donc Aristarque, d'interroger Eraste, puisque vous êtes si content de l'entendre. Ecoutez, mon cher Eraste, vous venez de dire que le feu pouvoit remüer diversement les parties de vôtre main, parce que les corps peuvent agir sur les corps. Vous pensez donc que les corps ont la force de remüer ceux qu'ils rencontrent.

ERASTE. Mes yeux me le disent, mais mon esprit ne me le dit pas encore, car je n'ai pas encore examiné cette question.

THEODORE. Hé bien, répondez moi, un corps a-t-il la force de se remüer lui-même ?

ERASTE. Je ne le croi pas.

THEODORE. La force qui meut les corps est donc dinstinguée de ces mêmes corps.

ERASTE. Je ne ſçai.

THEODORE. Prenez garde, Eraſte, que je ne parle pas du mouvement. Le tranſport local d'un corps ou le mouvement d'un corps eſt une maniere d'être de ce corps par rapport à ceux qui l'environnent : je n'en parle pas, mais de la force qui le cauſe. Je vous demande ſi cette force eſt quelque choſe de corporel, & s'il eſt en la puiſſance des corps de la communiquer.

ERASTE. Je ne le penſe pas, car ſi c'étoit quelque choſe de corporel, elle ne pourroit pas ſe remüer elle-même. Non Theodore, je ne croi pas que les corps communiquent à ceux qu'ils rencontrent une force qu'ils n'ont pas eux-mêmes, une force qu'ils ne pourroient pas communiquer quand ils l'auroient, en-fin une force, dont ils ne pour-roient pas régler l'épanchement & la communication d'une ma-niere auſſi reguliere qu'eſt celle que nous voyons ; puisque les corps ne ſçavent pas même ni la groſſeur ni

le

le mouvement de ceux qu'ils rencontrent. Il faut, ce me semble,
qu'une intelligence, & une même
intelligence, produise & regle tous
les mouvemens de la matiere, puisque la communication des mouvemens est toûjours la même dans les
mêmes rencontres. Car tous les
corps ou plusieurs intelligences ne
pourroient pas convenir facilement
pour agir toûjours de la même maniere.

ARISTARQUE. Je pense qu'Eraste
va trop vîte & qu'il se perd. Car il
me semble que les choses qui se
font toûjours de la même maniere
ne se font point par une intelligence, mais par une action aveugle,
cœcô impetu naturæ.

THEODORE. Vous vous trom-
pez, Eraste ne se perd pas, & vous
avez tort d'attribuer à une impe-
tuosité aveugle ce qui vient de l'immutabilité de l'Auteur de la nature. Je voi bien que vous ne sçavez
pas que la marque d'un ouvrier ex-
cellent est de produire des effets

admirables en agiſſant toûjours de la même maniere & par les voies les plus ſimples. Je ne veux pas vous conduire à Dieu par ce chemin ; il eſt trop difficile, & ne fait pas conſiderer Dieu d'une maniere utile pour la Morale. Je veux vous le faire découvrir comme le ſeul Auteur de la felicité des juſtes & de la miſere des impies, & en un mot comme le ſeul capable d'agir en nous. Car non ſeulement je dois vous démontrer qu'il eſt, mais qu'il eſt nôtre bien en toutes manieres.

Révenons à Eraſte. Vous êtes perſuadé, mon cher Eraſte, que ni le feu, ni le Soleil, ni pas un des corps qui vous environnent, ne ſont les veritables cauſes de ce que vous ſentez à leur preſence ; & vous êtes en cela plus ſage que tous ceux qui ont adoré le feu & le Soleil. Vous ne croyez pas même que les corps ayent aucune action pour remuër ceux qu'ils rencontrent ; & vous êtes encore

en cela plus éclairé que ceux qui
ont adoré les Cieux & les élemens,
& tous ces corps que le *Prince* des
faux Philofophes appelle divins,
à caufe que cét aveugle croyoit
qu'ils avoient en eux-mêmes la
force de fe mouvoir, & de produire par leur mouvement tous les
biens & tous les maux dont les
hommes font capables. Mais il ne
fuffit pas de fçavoir que les corps
ne font rien en vous, il faut auffi
réconnoître la veritable caufe de
tout ce qui fe produit en vous.
Vous fentez de la chaleur & de la
douleur à la prefence du feu. Ce
n'eft point le feu qui produit cette
chaleur & cette douleur en vous.
Qui fera-ce donc, Erafte ?

ERASTE. Je vous avouë que je
n'en fçai rien.

THEODORE. N'eft-ce point vôtre
ame qui agit en elle-même qui
s'afflige, par exemple, lors que le
feu fepare les parties du corps
qu'elle aime, ou qui fe réjouït lors
que le même feu produit dans fon

corps un mouvement propre à entretenir la vie & la circulation du
ſang ?

ERASTE. Je ne le penſe pas.

THEODORE. Et pourquoi ?

ERASTE. C'eſt que l'ame ne ſçait
point que le feu ébranle ou ſepare
les fibres de ſon corps. Je ſentois
de la chaleur & de la douleur avant
que j'euſſe appris par les reflexions
que je viens de faire, ce que le feu
eſt capable de produire ſur mon
corps ; & je ne penſe pas que les
païſans, qui ne ſçavent rien de ce
que le feu fait en eux , ſoient
exempts de douleur lorſqu'ils ſe
brûlent. De plus je ne ſçai point
quel eſt le mouvement propre à
entretenir la vie & la circulation
du ſang. Et ſi j'attendois à ſentir de
la chaleur juſqu'à ce que je le ſçeuſ-
ſe, je n'en ſentirois peut-être de ma
vie. Enfin quand je me brûle ſans
y prendre garde & par ſurpriſe, je
ſens la douleur avant toutes choſes. Je puis peut-être conclure par
la douleur que je ſens , qu'il ſe

paſſe dans mon corps quelque mouvement qui le bleſſe. Mais il eſt évident que la connoiſſance de ces mouvemens ne précede & ne cauſe point ma douleur.

THEODORE. Vos raiſons, Eraſte, ſont tout-à-fait ſolides. Mais qu'en penſez-vous, Ariſtarque ?

ARISTARQUE. Elles me paroiſ-ſent aſſez vrai-ſemblables. Cependant, Eraſte, que ſçavez-vous ſi vôtre ame n'a point une certaine connoiſſance d'inſtinct, qui lui dé-couvre en un moment tout ce qui ſe paſſe dans ſon corps ? Répon-dez, Eraſte, répondez donc. Cela eſt étrange vous ne répondez ja-mais promptement.

ERASTE. Je ne comprens pas vô-tre penſée ; mais tout ce que je puis vous dire, c'eſt que lors que je connois actuelement quelque choſe, je ſçai que je la connois. Car je ne ſuis pas diſtingué de moi-même. Si mon ame avoit actuele-ment quelque connoiſſance d'in-ſtinct, ou telle autre qu'il vous plaira , (car je n'entens pas bien ce mot) je le ſçaurois. Cependant à preſent qu e je m'approche du feu, je ne ſçai point que j'aye la connoiſſance des mouvemens qui ſe produiſent actuellement dans ma main , quoi que j'y ſente tantôt quelque douleur , & tantôt une eſpece de plaiſir ou de chatoüillement. Il n'y a donc point actuellement dans mon ame de connoiſſance d'inſtinct , ni aucune autre. Je ne ſçai ſi vous êtes content.

Aristarque. Pas trop.

Theodore. Voulez - vous que je vous diſe d'où vient que vous n'êtes pas fort content. C'eſt qu'Eraſte a fait une réponſe claire & évidente à une objection qui ne l'étoit pas. Si vous entendiez clairement ce que vous objectez , Eraſte vous répondroit clairement & promptement tout enſemble. Voulez - vous dans la ſuite être plus content de lui que vous ne l'avez été juſqu'ici , penſez bien à ce que vous lui demanderez. Il ne peut pas

vous répondre promptement &
clairement, lors qu'il ne vous entend pas, & que vous ne vous entendez pas vous-même. Il fait tous
ses efforts, pour ne répondre
qu'aprés avoir interrogé la verité
interieure,& qu'elle lui a répondu;
mais elle ne lui répond jamais,
quand il ne sçait ce qu'il lui demande. Cependant vous voulez
qu'il vous réponde, & qu'il le fasse
promptement. S'il vous répondoit,
il vous tromperoit ; car ce seroit
lui, & non la verité, qui vous répondroit.

Je continuë de l'interroger , afin
que vous voyez la maniere dont il
s'y faut prendre, & que les réponses vous instruisent de la verité que
nous cherchons.

Ecoutez, Erafte , je me suis
obligé de prouver l'exiftence de
Dieu par l'effet que le feu femble
produire en nous ; mais pour cela,
il eft de la derniere conféquence de
fçavoir que ce n'eft point l'ame
qui caufe en elle-même les propres

ſenſations. Voyez ſi vous n'avez point encore quelqu'autre preuve, je ne dis pas plus ſolide , mais plus convaincante pour Ariſtarque. Penſez-y. Pourquoi ſouffrez-vous quelquefois la douleur ? y prenez-vous plaiſir ?

ERASTE. Je vous entens , Theodore , je ne ſuis pas à moi-même la cauſe de mon bon-heur ni de ma miſere. Si j'étois la cauſe du plaiſir que je ſens, comme je l'aime j'en produirois toûjours en moi. Et au contraire , ſi j'étois la cauſe de la douleur que je ſouffre , comme je la haï , je ne la produirois jamais en moi. Je voi bien qu'il y a une cauſe Superieure qui agit ſur moi & qui peut me rendre heureux ou mal-heureux : puis que je ne puis agir en moi , & que ce ne ſont point auſſi les corps qui produiſent en moi les ſentimens dont je ſuis frappé , comme nous venons de dire.

ARISTARQUE. Vous n'y êtes pas, Eraſte , vous aimez vôtre corps ;

vous fçavez ou vous fentez qu'il lui arrive du bien ou du mal ; vous vous en réjoüiſſez, ou vous vous en affligez : c'eſt là vôtre plaiſir, c'eſt là vôtre douleur.

ERASTE. Tout ce que me dit Ariſtarque, m'embarraſſe & me jette dans les tenebres. Je vous prie, Theodore, de les diſſiper.

THEODORE. Je ne m'en étonne pas, Eraſte. Tout ce qu'il vous dit eſt faux ou obſcur, & paroît cependant aſſez vrai-ſemblable.

Ne rentrerez-vous jamais dans vous-même, Ariſtarque. Comment, je vous prie, concevez-vous qu'Eraſte aime ſon corps. Ce qu'il y a dans Eraſte, qui eſt capable d'aimer vaut mieux que le corps d'Eraſte : Eraſte le ſçait. Le corps d'Eraſte ne peut agir ſur ſon ame : Eraſte le ſçait, ſon corps ne peut être ſon bien : Il le ſçait ; il ne l'aime donc pas. Mais voici le ſecret. Eraſte aime davantage le plaiſir que ſon corps ; & il ſent le plaiſir lors que ſon corps eſt bien diſposé. C'eſt là ce qui l'oblige à penſer à ſon corps, & à le deffendre lors qu'on le bleſſe. Penſez-vous que les yvrognes aiment leur corps, lors qu'il le rempliſſent de vin? Penſez-vous que les débauchez aiment leur corps, lors qu'ils ruinent leur ſanté? N'eſt-ce pas parce qu'ils aiment le plaiſir preſent dont ils joüiſſent? Ceux qui mortifient leur corps, l'aiment-ils, lors qu'ils le déchirent, ou le haïſſent-ils? Vous ne le penſez pas. Qu'aiment-ils donc autre choſe que les plaiſirs dont ils eſperent de jouir un jour? Que haïſſent-ils au contraire, ſinon les douleurs éternelles qu'ils apprehendent de ſouffrir?

Ainſi comme vous voyez Eraſte ne cauſe point en lui ſon plaiſir, à cauſe qu'il reconnoît ou qu'il ſent que le corps qu'il aime, eſt bien diſposé. Car il ne ſçait pas même que ſon corps eſt en bon état par autre choſe que par le plaiſir qu'il en reſſent. Il eſt vrai que lors que nous

sentons par le plaisir ou par la douleur que nôtre corps est bien ou mal
disposé , nous sommes émeus de
joie ou de tristesse. Mais si vous y
faites reflexion , vous veriez bien
que cette tristesse & cette joie , qui
suivent nôtre connoissance , sont
bien differentes des douleurs & des
plaisirs prévenans dont nous par-
lons. Il y a donc, Aristarque, quelqu'autre cause de nos plaisirs & de
nos douleurs , que nous mêmes. En
demeurez-vous d'accord ?

ARISTARQUE. J'en suis présentement persuadé.

THEODORE. Or cette cause est
superieure à nous, puis qu'elle agit
en nous. Cette cause s'applique
sans cesse à nous , puis qu'elle agit
sans cesse en nous. Cette cause peut
nous punir ou nous recompenser,
nous rendre heureux ou mal-heureux ; puis que le plaisir nous est
agreable , & que le déplaisir nous
déplaît & nous inquiéte. Si donc
cette cause étoit Dieu , nous sçau-
rions que Dieu ne se contente pas

de regler les mouvemens des cieux; Nous ſçaurions qu'il ſe méle auſſi de nos affaires ; qu'il regle tout ce qui ſe paſſe en nous ; qu'ainſi nous devons le craindre, l'aimer, & ſuivre ſes ordres, pour être heureux. Car puis qu'il s'applique à nous, il demande quelque choſe de nous : & ſi nous ne lui rendons ce qu'il demande de nous, il n'eſt pas concevable qu'il nous recompenſe & qu'il nous rende heureux.

ARISTARQUE. Je l'avoüe. Mais comment prouveriez-vous que ce n'eſt point quelqu'Ange ou quelque Demon qui ſe méle de nôtre conduite, & qui agiſſe en nous ? Comment prouverez-vous qu'il y a un être infiniment puiſſant, & qui renferme en ſon être toutes les perfections imaginables ? Cela me paroît difficile.

THEODORE. Cela eſt difficile par la voie que j'ai priſe. Mais lors que nous reconnoiſſons une puiſſance ſuperieure qui agit en nous, nous n'avons pas de peine à la conſiderer comme souveraine , & à lui donner toutes les perfections , dont nous avons quelque idée. Cependant il faut tâcher de vous convaincre pleinement. Ecoutez aussi , Eraste :

Dés que l'on nous pique nous sentons de la douleur. Cette douleur ne sort point de l'épine qui nous pique ; ce n'est point nôtre ame qui la cause en nous : Vous en convenez. C'est une puissance superieure. Cette puissance doit sçavoir le moment que l'épine pique nôtre corps , afin de pouvoir dans ce moment produire la douleur dans nôtre ame. Mais comment le sçaura-t-elle ? pensez-y. Elle ne le sçaura pas de nous ; car nous n'en sçavons encore rien. Elle ne le sçaura pas de l'épine ; car l'épine ne peut pas agir dans l'esprit de cette puissance , elle ne peut pas s'appliquer à elle , elle ne peut pas se representer à elle. Car enfin l'épine n'est ni visible , ni intelligible par elle-même puis qu'il n'y a point de rapport entre les corps & les intelli-

gences. De qui donc cette puiffance fuperieure apprendra-t-elle le
moment que l'épine nous pique ? Si
vous dites qu'elle l'apprendra de
quelqu'autre intelligence, je vous
ferai les mêmes queſtions de cette
feconde intelligence ; & fi vous ré-
courez à une troifiéme, vous n'a-
vancerez pas davantage. Cependant dés l'inſtant que l'on nous pique, nous fouffrons de la douleur.
La caufe fuperieure a donc appris
que l'épine nous pique fans avoir
récours à d'autres intelligences à
l'infini. Car comme vous voyez
elle n'auroit pas fi tôt réponfe, puis
qu'il n'eſt pas facile de trouver un
dernier dans l'infini. Il faut donc
qu'il y ait une intelligence qui ap-
prenne dans elle-même, & par elle-
même en quel moment l'épine nous
pique : & cette intelligence ne peut
être que Dieu, c'eſt-à-dire, un être
dont la puiffance eſt infinie,& dont
la volonté feule eſt la caufe des chofes. Car enfin il n'y a que celui dont
les volontez font efficaces, qui

voic dans lui-même & par lui même l'exiſtence & le mouvement des
corps ; puis que ne pouvant ignorer ſes propres volontez , il eſt le
ſeul qui découvre en lui-même le
nombre , la figure , la ſituation des
corps , & generalement tout ce qui
leur arrive. Il faut donc que tout
ce qu'il y a d'intelligences ſoient
éclairées par le createur. Et comme
vous voyez, ou comme vous verrez
clairement , ſi vous y penſez ſerieu-
ſement , vous ne ſçauriez pas que
vous avez un corps, & qu'il y en a
d'autres qui vous environnent , ſi
celui qui le ſçait par lui-même ne
vous l'apprenoit. Comprenez-vous
ces choſes, Eraſte ?

ERASTE. Clairement , Theodore,
voici vôtre raiſonnement. Ce qui
cauſe de la douleur n'eſt ni l'ame
qui ſent , ni l'épine qui pique , c'eſt
une puiſſance ſuperieure. Cette puiſſance doit au moins ſçavoir le moment auquel l'épine pique : elle ne
peut l'apprendre de l'épine , puis
que les corps ne peuvent éclairer

les eſprits, qu'ils ne ſont ni viſibles ni intelligibles par eux-mêmes, & qu'il n'y a aucun rapport entre un corps & un eſprit. Elle ne peut donc l'apprendre que par elle-même, c'eſt à dire par la connoiſſance de ſa propre volonté qui crée & qui meut l'épine, & dont la puiſſance eſt infinie, puis qu'elle eſt capable de créer. Il y a donc un Dieu; & s'il n'y avoit point de Dieu, je ne ſerois point piqué, je ne ſentirois rien, je ne verrois rien, je ne connoîtrois rien.

THEODORE. Fort-bien. Mais que penſez-vous de ces raiſons, Ariſtarque?

ARISTARQUE. Je penſe que vous & vôtre écho Eraſte raiſonnez en l'air. Le fondement de vôtre preuve, eſt qu'il n'y a point de rapport entre les corps & les eſprits. D'où vous concluez qu'un Ange ne peut voir un corps immediatement & par lui-même. A quoi je répons, qu'afin que les eſprits connoiſſent les corps, il ſuffit qu'ils les penetrent.

THEODORE. Que voulez-vous dire ; *qu'il faut qu'ils les penetrent?* Asseurément Eraste ne vous entend pas. Mais sans vous demander des éclaircissemens qui pourroiét peut-être vous embarrasser & vous déplaire ; vôtre ame penetre-t-elle vôtre corps ? penetre - t-elle vôtre cœur , vôtre cerveau , la partie principale où elle fait sa residence ?

ARISTARQUE. Je le croi.

THEODORE. Dites-moi donc comment vôtre cerveau est-il composé, ou cette partie principale dans laquelle vôtre ame reside ?

ARISTARQUE. Je ne sçai pas l'anatomie.

THEODORE. Comment? vous ne sçavez pas l'anatomie. Faut-il que vous cherchiez dans des livres , ou dans la tête des autres hommes que vous ne penetrez pas, comment le cerveau que vôtre ame penetre, est composé ? A quoi sert donc à un esprit de penetrer un corps ?

ARISTARQUE. Je vous avoüe que

je n'ai rien à répondre. Cependant il me semble que si un esprit penetre un corps, il le doit connoître. Mais peut-être qu'il y a quelque chose qui l'empêche, que je ne sçai pas.

THEODORE. Si cela étoit, Aristarque, ce quelque chose seroit le Dieu que nous cherchons. Je ne m'arrête pas à vous le prouver: Car je ne veux pas prouver l'existence de Dieu par des effets imaginaires. Vous y penserez vous-même à loisir. Mais je vous conseille plûtôt de faire réflexion sur les choses que je viens de dire, & j'espere que vous réconnoîtrez visiblement qu'il y a un Dieu, je veux dire, un être dont la volonté est puissance, & puissance infinie, puis qu'elle est capable de créer. Que ce Dieu ne se promene pas dans les cieux, pour parler comme les libertins, mais que sa providence s'étend à toutes choses & qu'il agit sans cesse en nous. Que c'est même lui qui nous donne les sentimens agreables ou defagreables que nous avons des objets fenfibles ; & qu'il peut par conféquent nous rendre heureux ou mal-heureux. Enfin vous con-noîtrez Dieu de la maniere qui nous eft la plus utile pour la Morale. Vous tomberez même d'accord que Dieu n'a rien fait qui ne puiffe fer-vir à démontrer fon exiftence, quoi qu'il foit plus utile de la démon-trer par quelque chofe qui fe paffe en nous.

Une des raifons pour quoi vous avez de la peine à entrer dans mes fentimens , eft que vous n'avez peut-être jamais penfé ferieufe-ment aux chofes defquelles je vous ai entretenu. Car je ne voi pas que mes preuves foient éloignées & difficiles à comprendre. J'en prens à témoin Erafte. Ainfi afin que dans la fuite vous foyez pré-paré fur les fujets dont nous nous entretiendrons , je croi que nous devons en convenir.

ARISTARQUE. C'eft à vous Theo-dore, à regler toutes chofes. Vous ſçavez que ma reſolution eſt de ne chercher que les veritez eſſentielles , & qui peuvent nous rendre plus-ſages & plus-heureux. Je ne vous en dis pas davantage.

THEODORE. Cela étant , Ariſtarque , voici l'ordre que je croi devoir garder dans nos entretiens, rétenez-le bien , afin d'y penſer à loiſir ; & diſpoſez-vous à me faire toutes les objections poſſibles.

Comme je croi avoir ſuffiſemment démontré qu'il y a un Dieu qui agit ſans ceſſe en nous, & qui peut nous rendre heureux ou malheureux par le plaiſir & par la douleur , dont il eſt ſeul la cauſe veritable ; je n'en apporterai point d'autres preuves , & je me contenterai de réſoudre vos difficultez. Mais je vous prouverai que le deſſein de Dieu dans la création de l'homme a été que l'homme le connût & l'aimât. Que Dieu n'a conſervé l'homme que dans ce même deſſein. Enfin que ce deſſein eſt ſi inviolable , que les pecheurs

& les damnez mêmes l'executent en un sens, & qu'ils cesseront plûtôt d'être que de cesser entierement de connoître & d'aimer Dieu.

Ayant établi pour principe que Dieu agissant toûjours pour lui-même, on ne peut être heureux, si l'on resiste à ses volontez, ni malheureux si l'on y obeït : je démontrerai de quelle maniere Dieu veut être connû & aimé ; comment nous pouvons resister à ses ordres, & ce qui est plus étrange, comment nous sommes capables de l'offenser.

Je ferai voir que nôtre nature est corrompuë, que le peché habite en nous, que l'esprit est esclave de la chair. En un mot, j'expliquerai la cause & les effets de la corruption de la nature, & qu'elle a besoin d'un Redempteur ; que nos desordres nous éloignent de Dieu & nous rendent ses ennemis, & que nous avons besoin d'un Mediateur.

J'expliquerai les qualitez que doit avoir nôtre Redempeur &

Mediateur pour nous réconcilier avec Dieu, & pour satisfaire à sa justice ; que Jesus-Christ les a toutes, & qu'il n'y a que lui qui les ait. Quels sont les remedes qui peuvent guerir l'aveuglement de nôtre esprit, & la malice de nôtre cœur : Qu'ils se trouvent tous dans les préceptes de l'Evangile, & dans la grace de Jesus-Christ. Enfin je ferai voir qu'il n'y a qu'un homme-Dieu, qui puisse nous réparer, nous réconcilier, nous sauver ; Qu'il n'y a que le Sang de Jesus-Christ, qui nous puisse laver ; Qu'il n'y a que sa Grace, qui nous puisse fortifier ; Qu'il n'y a que ses préceptes qui puissent conduire à cette Sagesse & à cette felicité que vous desirez ; & que tout ce que nous avons à faire dans cette vie, est d'étudier la Morale de l'Evangile, d'écouter Jesus-Christ, d'aimer Jesus-Christ, de suivre & d'imiter Jesus-Christ. *Qui nous a été donné de Dieu, pour être nôtre Sagesse, nôtre Justice, nôtre Sanctifi-*

1. Cor.
c. 1.

cation , & *nôtre Redemption ; afin que celui qui se glorifie , ne se glorifie que dans le Seigneur.*

ENTRETIEN II.

Objections & *Réponses.*

ARISTARQUE. Qu'il y a long-temps , Theodore que nous sommes dans l'impatience de vous révoir ! Nous eûmes besoin de vous presque dés le moment que vous nous eûtes quittez. Nous n'avons pû nous accorder Eraste & moi sur les choses que vous nous dîtes hier ; car il m'est venu dans l'esprit des difficultez qui me paroissent insurmontables. Nous n'avons fait que disputer , mais enfin Eraste dit qu'il ne m'entend pas , & qu'il n'a plus rien à me répondre.

THEODORE. Il n'y a que la verité qui puisse reünir les esprits, & si vous n'ètes pas d'accord , il faut qu'il y ait quelqu'un de vous deux qui ne la confulte pas. J'apprehende fort que vous n'ayez confulté vôtre imagination au lieu de confulter vôtre raifon, & que vous n'ayez cherché dans tous les récoins de vôtre memoire quelque piece juftificative de vos préjugez. N'eft-il pas vrai, Ariftarque, que vous n'avez guéres medité les chofes que je vous dis hier, & qu'au lieu de les examiner à la lumiere de la verité, vous les avez comparées avec les chofes qui vous font reftécz de la lecture des Anciens ? N'apprendrez-vous jamais à penfer, & ne comprendrez-vous jamais que vous avez dans vous-même un maître fidele toûjours prêt à vous répondre, fi vous l'interrogez avec refpect c'eft-à-dire dans le filence de vos paffions ?

Vous dites que vous avez eu befoin de moi : mais quoi ? n'avez-vous point de honte d'avoir recours à un homme pour être éclairé, & ne voyez-vous pas que fi je

fuis

suis capable de vous inſtruire, ce n'eſt pas que je répande la lumiere dans vôtre eſprit ; mais c'eſt que je vous fais rentrer dans vous-mê-me, & que je vous tourne vers la même verité qui m'éclaire ? D'où vient que nous ſommes quelquefois de même ſentiment, ſi ce n'eſt, parce que vous rentrez dans vous-même, & que vous entendez celui qui fait les mêmes répoñſes à tous les hom-mes ? Et d'où vient que vous avez tant diſputé avec Eraſte, ſi ce n'eſt parce que vous avez dit à Eraſte des choſes que la verité qu'il conſulte, ne lui diſoit pas, & qu'elle ne vous avoit jamais dites ? Je vous prie donc, Ariſtarque, ne diſputons point ; que la verité préſide au mi-lieu de nous ; & faites tous vos ef-forts pour ne me faire que des ob-jections que vous conceviez claire-ment, & qu'Eraſte puiſſe com-prendre.

ARISTARQUE. J'ai peut-être fait à Eraſte des objections dont toute la difficulté venoit de l'ignorance

où nous sommes de bien de choses ; & que n'étant pas fort accoûtumé à mediter je lui ai proposé
mes anciens préjugez , comme de
nouveles veritez qui se présentoient
à moi par la force de la meditation.
Mais de bonne foi je lui ai fait des
difficultez qui me paroissent ap-
puyées sur des principes évidens,
& qui sont reçûs de tous les hommes. Les voici.

Vous nous avez dit qu'il n'y a
que Dieu qui puisse agir dans nôtre
ame , & que tous les corps qui
nous environnent, sont incapables
de causer en nous les sentimens
que nous en avons. Mais quoi ! le
Soleil n'est-il pas assez éclatant
pour être visible ? pensez-vous que
je me puisse persuader par des raisons de Philosophie que ce n'est
pas le Soleil qui m'éclaire aprés
toutes les experiences que j'en
ai ? Et quand vous m'auriez persuadé que le feu ne répand point la
chaleur ou la douleur que je sens à
son approche, pensez-vous pouvoir

conclure que le Soleil ne répand pas la lumiere , & dire en general comme vous faites que tous les corps, qui nous environnent, font incapables de caufer en nous les fentimens que nous en ayons?

Theodore. Ceffez, Ariftarque, ceffez de confulter vos fens, fi vous voulez entendre les réponfes de la verité. Elle habite dans le plus fe-cret de la raifon. Lifez à vôtre loi-fir le premier Livre *de la Récher-che de la Verité* , fi vous voulez être pleinement inftruit des erreurs des fens au regard des qualitez fen-fibles ; car je ne prétens pas m'ar-réter à vous expliquer toutes les difficultez de Philofophie qui pour-roient vous embaraffer. Il fuffit préfentement que vous fçachiez qu'il y a un Dieu, & qu'il eft le feul qui puiffe caufer en vous le plaifir & la douleur que vous fentez par l'entremife des corps. Vous le croyiez, ce me femble, hier ; le croyez-vous aujourd'hui ?

Aristarque. J'en doute par

cette raiſon, que ſi Dieu cauſoit en moi le plaiſir que je ſens dans l'uſage des choſes ſenſibles, il ſemble que Dieu me porteroit à les aimer & à m'y unir comme à mon bien: car le plaiſir eſt le caractere du bien, c'eſt un inſtinct de la nature qui nous porte à aimer ce qui le cauſe, ou ce qui ſemble le cauſer. Cependant la foi m'apprend que Dieu ne veut pas que j'aime les corps. Dieu peut-il m'exciter par le plaiſir à m'unir aux choſes ſenſibles, & me deffendre en même temps de les aimer ? Voilà ma difficulté, jugez-en.

THEODORE. Elle eſt ſolide, & il eſt de la derniere cóſequéce de la réſoudre : car on peut tirer de ſa réſolution la plûpart des veritables principes de la Morale. Voici mon ſyſtéme.

* Etant compoſez d'un eſprit & d'un corps nous avons deux ſortes de biens à rechercher, ceux de l'eſprit & ceux du corps: Nous pouvons auſſi réconnoître ſi une choſe nous eſt bonne ou mau-

* Il eſt tiré *du* cinquié-*me chap.* *du pre-mier Li-*

vaife, par deux moyens, par l'ufage de l'efprit feul, & par l'ufage de l'efprit joint au corps. Nous pouvons réconnoître le bien de l'efprit par une connoiffance claire & évidente de l'efprit feul ; nous pouvons auffi découvrir le bien du corps par un fentiment confus. Je réconnois par l'efprit que la juftice eft aimable ; Je m'affure auffi par le goût qu'un tel fruit eft bon. La beauté de la juftice ne fe fent pas, car elle eft inutile à la perfection du corps : la bonté du fruit ne fe connoît pas, car un fruit ne peut être utile à la perfection de l'efprit.

Comme les biens du corps ne meritent pas l'application de l'efprit que Dieu n'a fait que pour lui; & que Dieu ne veut pas que l'on s'occupe de tels biens, il faut que l'efprit les connoiffe fans examen & par la preuve courte & inconteftable du fentiment. Le pain eft propre à la nourriture, & les pierres n'y font pas propres : la preuve en eft convaincante, & le feul goût

C iij

en a fait tomber d'accord tous les hommes.

Si l'esprit ne voyoit dans les corps que ce qui y est, sans y sentir ce qui n'y est pas, leur usage nous seroit tres-penible & tres-incommode ; car qui s'aviseroit d'examiner avec soin quelle seroit la nature de toutes les choses qui nous environnent, afin de s'y unir, ou de s'en separer ? Qui nous avertiroit de nous mettre a table & de nous lever ? Qui nous placeroit à une juste distance du feu ? Et ne serions-nous pas souvent en peine de sçavoir si nous ne nous brûlons point, au lieu de nous chauffer ? Enfin n'arriveroit-il pas quelquefois que nous nous donnerions la mort par inadvertance, par chagrin, ou même par curiosité pour apprendre l'anatomie, si peut-être nous ne la sçavions pas aussi parfaitement que nous le souhaiterions.

Il est donc tres-raisonnable que Dieu nous porte au bien du corps, & qu'il nous éloigne du mal par les

sentimens prévenans de plaisir &
de douleur. Car enfin s'il falloit
que les hommes examinassent les
configurations de quelque fruit,
celles de toutes les parties de leurs
corps, & les rapports differens qui
resultent des unes avec les autres,
pour juger si dans la chaleur présente de leur sang & dans mille autres dispositions de leurs corps ce
fruit seroit bon pour leur nourriture; il est visible que de choses qui
sont indignes de l'application de
leur esprit, en rempliroient entierement la capacité; & cela même
assez inutilement, car ils ne se con-
serveroient pas long-temps par
cette seule voie.

ARISTARQUE. J'avoüe que cette
conduite est tres-sage & tres-digne
de son Auteur : mais cependant
nous sentons du plaisir dans l'usage des choses sensibles; pourquoi
donc ne les aimerons-nous pas?

THEODORE. Parce qu'elles ne sont
pas aimables. Vous êtes raisonnable, & vôtre raison ne vous repré-

ſente point les corps comme vôtre bien. Si les objets ſenſibles contenoient en eux ce que vous ſentez dans leur uſage, s'ils étoient la veritable cauſe de vôtre plaiſir & de vôtre douleur, vous pourriez les aimer & les craindre : mais vôtre raiſon ne vous le dit pas, comme je vous le prouvai hier. Vous pouvez vous y unir, mais vous ne devez pas les aimer ; vous pouvez manger d'un fruit, mais vous ne devez point l'aimer. De même vous devez éviter une épée, vous devez éviter le feu , mais vous ne devez pas craindre ces choſes.

*Voyez le Ch. 8. au li. 6. de la Récherche de la Verité.

* Il faut aimer & craindre ce qui eſt capable de cauſer le plaiſir & la douleur ; c'eſt une notion commune que je ne combats point: mais il faut bien prendre garde à ne pas confondre la veritable cauſe avec la cauſe occaſionele. Je vous le rédis encore , il faut aimer & craindre la cauſe du plaiſir & de la douleur , & l'on peut en

chercher ou en éviter l'occasion,
pourvû cependant qu'on ne le fasse
pas contre les ordres exprés de la
cause, & que l'on ne la contraigne
pas en consequence de sa premiere
volonté à faire en nous ce qu'en un
sens elle ne veut pas y faire. Car
il ne faut pas imiter les voluptueux, qui font servir Dieu à leur
sensualité, & qui l'obligent en
consequence de sa premiere volonté à les récompenser d'un sentiment de plaisir dans le temps même qu'ils l'offensent ; car c'est la
plus grande injustice qui se puisse
commettre.

Voyez-vous, Aristarque, le bien
du corps ne peut être aimé que
par instinct ; le bien de l'esprit peut
& doit être aimé par raison. Le
bien du corps ne peut être aimé
que par instinct, & d'un amour
aveugle, parce que l'esprit ne peut
pas même voir clairement que le
bien du corps soit un vrai bien ;
car il ne peut voir clairement ce
qui n'est pas. Il ne peut voir clai-

rement que les corps soient au deſſus de lui, qu'ils puiſſent agir en lui, le punir & le récompenſer, le rendre plus-heureux & plus-parfait. Mais le bien de l'eſprit doit être aimé par raiſon : Dieu veut être aimé d'un amour de choix, d'un amour éclairé, d'un amour meritoire, d'un amour digne de lui & digne de nous. Nous voyons clairement que Dieu eſt nôtre bien, qu'il eſt au deſſus de nous, qu'il peut agir en nous, qu'il peut nous récompenſer & nous rendre non ſeulement plus-heureux, mais encore plus - parfaits que nous ne ſommes. Cela ne ſuffit-il pas à un eſprit afin qu'il aime Dieu ?

Ainſi Dieu ne devoit pas en créant l'homme ſe faire aimer de lui par l'inſtinct du plaiſir, il ne devoit pas ſe ſervir de cette eſpece d'artifice, ni faire effort contre la liberté d'une creature raiſonnable pour diminuër le merite de ſon amour : car le premier homme devoit & pouvoit adhérer à

Dieu fans le fecours d'un plaifir prévenant , quoi qu'à préfent le plaifir nous foit ordinairement neceffaire pour remedier à l'aveuglement dont le peché nous a frappez, & pour réfifter à l'effort que la concupifcence fait fans ceffe contre la raifon.

Je vous le répete encore, Ariftarque, afin que vous vous en fouveniez, il falloit que le plaifir prévenant, & non pas la lumiere de la raifon , nous portât au bien du corps ; puis que la raifon ne peut même fe repréfenter les corps , qui nous environnent, comme des biens Mais il ne falloit pas que Dieu fe fervît du plaifir prévenant cóme d'une efpece d'artifice pour fe faire aimer du premier homme: puis qu'il fuffifoit qu'il éclairât fa raifon étant le feul & unique bien des efprits.

Aristarque. Je demeure d'accord que toutes ces chofes font bien penfées ; mais il y a encore dans vôtre fyftême une difficulté qui m'embaraffe : c'eft qu'il me

ſemble que vous confondez la concupiſcence avec l'inſtitution de la
nature, & que faiſant Dieu Auteur du plaiſir que nous ſentons
dans l'uſage des choſes ſenſibles,
vous le faites auſſi Auteur de la
concupiſcence, puis qu'elle n'eſt
autre choſe que ce plaiſir, conſide-
ré comme faiſant effort contre la
raiſon.

Theodore. Prenez garde, Ariſtarque, voici l'inſtitution de la
nature.

Dieu a fait l'eſprit & le corps de
l'homme, & il a voulu pour la conſervation de ſon ouvrage que toutes les fois qu'il y auroit dans le
corps certains mouvemens, il re-
ſultât dans l'ame certains ſentimens; pourvû que ces mouvemens
ſe communiquaſſent juſques à une
certaine partie du cerveau que je
ne vous déterminerai pas. Mais
parce que les volontez de Dieu ſont
efficaces, il n'eſt jamais arrivé de
mouvemens dans cette partie du
cerveau de qui que ce ſoit, qu'il

n'ait été frappé de quelque sentiment : & parce que ses volontez
font immuables , celle-ci n'a point
été changée par le peché du premier
homme. Cependant comme avant
le peché & dans le temps où toutes
chofes étoient parfaitement - bien
reglées, il n'étoit pas jufte que le
corps détournât l'efprit de penfer à
ce qu'il vouloit , l'homme avoit
neceffairement ce pouvoir fur fon
corps, qu'il détachoit, pour ainfi
dire , la partie principale du cerveau d'avec le refte de fon corps,
& qu'il empêchoit fa communication ordinaire avec les nerfs qui
fervent au fentiment , toutes les
fois qu'il vouloit s'appliquer à la
verité ou à quelqu'autre chofe qu'au
bien du corps. Ainfi Adam pouvoit d'abord fe fervir du goût pour
difcerner les chofes qui étoient utiles à la confervation du corps , &
continüer ainfi de manger fans
goût & fans aucun plaifir , parce
que le plaifir qu'il fentoit dans l'u-
fage des chofes fenfibles ne faifoit

jamais effort contre ses desirs ; il l'avertissoit seulement avec respect de ce qu'il devoit faire pour le bien du corps. Adam pensoit donc à ce qu'il vouloit ; & dans le temps même qu'il dormoit, on peut dire que son esprit veilloit , car enfin on ne peut pas croire que dans l'état de la justice originele, il y eût un si grand desordre dans le plus admirable des ouvrages de Dieu , que l'esprit fût soûmis au corps. Voilà qu'elle est l'institution de la nature : En voici la corruption.

Le premier homme s'éloignant peu à peu de la présence de Dieu, en laissant remplir la capacité de son esprit de quelques plaisirs sensibles, ou des sentimens de sa propre excellence, ou bien de quelques autres idées qui effaçoient, à cause de la limitation de son esprit, le souvenir de son devoir & de sa dépendance, tomba enfin dans la desobeïssance au commandement de Dieu : & alors il perdît le pouvoir qu'il avoit sur son corps. Car il n'est pas juste

que le pecheur domine fur quoi
que ce foit , & que Dieu fufpende
les loix de la communication des
mouvemens en faveur d'un mé-
chant & d'un rébelle. Voilà la concupifcence : car les mouvemens des
objets fenfibles fe communiquant
jufqu'au cerveau, & y laiffant même des traces profondes , il eft neceffaire felon la premiere volonté
de l'Auteur de la nature, qu'il réful-
te dans l'ame des fentimens & des
mouvemens qui la portent même
malgré elle aux chofes fenfibles.

ARISTARQUE. Fort-bien ; Mais
pourquoi Dieu continüe-t-il de vouloir que les traces du cerveau & les
agitations des efprits animaux
foient accompagnées des fentimens
& des mouvemens fenfibles , puis
que cela nous empêche prefente-
ment de l'aimer & de nous appliquer à la verité pour laquelle nous
fommes faits ?

THEODORE. Mais pourquoi voulez-vous, Ariftarque , que la volonté de Dieu dépende de celle du

premier homme ? Vous avez vû
que l'inſtitution de la nature eſt
admirablement bien reglée : & vous
voulez que cette inſtitution change
à cauſe de la mutabilité de la volonté d'Adam. Ne ſçavez-vous pas
que l'inconſtance de la volonté eſt
une marque de la petiteſſe de l'intelligence , & que Dieu eſt incapable de repentir. Tout ce que Dieu
a voulu, il le veut encore ; & parce
que ſa volonté eſt efficace, il le fait.
Dieu aime mieux ſervir pour quelque temps à l'injuſtice des hommes,
& même les récompenſer par le
plaiſir qu'ils ſentent dans leurs débauches , que de changer l'ordre
des choſes qu'il a tres - ſagement
établi. Et les hommes ſont ſi indignes de Dieu aprés la rebellion de
leur pere, qu'il eſt juſte en un ſens
que Dieu les répouſſe inceſſamment de lui , & qu'il leur donne
une eſpece de récompenſe lors qu'ils
s'en éloignent : mais une récompenſe qui ne dure pas , une récompenſe trompeuſe , une récompenſe

de peché qui engraiſſe la victime
pour le ſacrifice , & qui prépare les
pecheurs pour le jour du Seigneur,
pour ce jour auquel le Juge & le
Sauveur du monde précipitera les
impies dans le feu qui brûlera éternelement en l'honneur de la juſtice
divine , comme il élevera avec lui
les Elûs dans une gloire qui hono-
rera éternelement la bonté & la
miſericorde de ſon Pere.

Il ne falloit donc pas, Ariſtarque , que la volonté de Dieu , qui
fait & qui regle ſi ſagement toutes
choſes , dépendît de celle du premier homme. Il falloit que cette
volonté ſubſiſtât , & que celui dont
la ſageſſe n'a point de bornes , ré-
tablît d'une maniere digne de lui
l'ordre des choſes , que le libre ar-
bitre avoit renverſé. Il l'a fait,
Ariſtarque, par ſa ſeconde volonté
qui fait l'ordre de la grace , par le
grand deſſein de l'Incarnation de
ſon Fils , par ce grand ouvrage de
miſericorde qui eſt au deſſus de tous
ſes autres ouvrages , & qui lui rend

infiniment plus d'honneur , que
toute cette œconomie de la nature
que l'on admire avec tant de raiſon
& qui repréſente ſi vivement la ſageſſe infinie de ſon Auteur.

ERASTE. Permettez-moi , Theodore , de vous propoſer la difficulté la plus grande que j'aye ſur toutes les choſes que vous venez de
nous dire. Dieu eſt infiniment ſage,
il a prévû éternelement toutes les
ſuites qu'auroit l'ordre des choſes
qu'il devoit établir ; il a prévû le
peché du premier homme , avant
que le premier homme fût formé :
pourquoi l'a - t-il fait , ou pourquoi l'a-t-il fait libre , ou pourquoi ne l'a-t-il pas attaché à ſon
devoir par des plaiſirs prévenans,
enfin pourquoi a-t-il établi un
ordre qui devoit ſe renverſer , &
une nature qui devoit ſe corrompre ? Il a remedié , je le veux , de
la maniere la plus ſage qui ſe puiſſe,
à la corruption de la Nature ; mais
n'y auroit-il pas eu plus de ſageſſe
d'en faire une incapable de corru-

ption ? Je vous prie de me dire si ces choses ne peuvent point faire douter raisonnablement qu'il y ait une intelligence infinie qui regle tout.

THEODORE. Mais quand je ne vous répondrois pas, Eraste, que pourriez-vous directement conclure de mon silence ? Que je ne sçaurois pas les desseins de Dieu, & rien davantage. Je vous ai demontré évidemment en ne raisonnant que sur des idées claires, qu'il y a un Dieu ; croyez ce que vous avez vû, & ne vous aveuglez pas volontairement en opposant à la lumiere de la verité des objections qui ne peuvent naître que des tenebres & de l'obscurité de nôtre esprit. Quand on voit évidemment une chose, il ne faut pas cesser de la croire aussi-tôt qu'on nous propose une difficulté que nous ne pouvons résoudre.

Cependant, Eraste, quoi que je ne me flate pas de sçavoir les desseins de Dieu, je tâcherai de vous satisfaire en peu de paroles :

car je ne veux pas m'engager à vous dire tout ce que l'on peut penſer ſur cette matiere.

Dieu a fait l'homme parce qu'il l'a voulu , & il l'a voulu parce que l'homme eſt meilleur que le neant , & qu'il eſt plus capable que le neant , de l'honorer.

Dieu a fait l'homme libre, parce que Dieu a fait l'homme pour aimer le bien ; mais l'homme ne pouvant aimer que ce qu'il voit, ſi Dieu ne l'avoit pas fait libre, ou ſi Dieu le portoit infailliblement & neceſſairement vers tout ce qui a l'apparence du bien , ou vers tout ce que l'homme ſujet à l'erreur peut conſiderer comme un bien , on peut dire que Dieu ſeroit la cauſe du peché & des mouvemens déreglez de la volonté.

Dieu a fait l'homme libre & la laiſſé à lui-même ſans le déterminer par aucun plaiſir prévenant , parce que Dieu veut être aimé par raiſon puis que nous ſommes raiſonnables : il veut être aimé

d'un amour éclairé , d'un amour
digne de lui & digne de nous , d'un
amour meritoire & qu'il puisse récompenser , pour d'autres raisons
que j'ai déja dites. Il a bien prévû
que l'homme cesseroit de l'aimer ,
il est vrai , mais il en tire sa gloire.
La honte du libre-arbitre rend
honneur à Dieu en toutes manieres , & l'homme ne pouvant se fier
sur ses propres forces , se sent obligé par justice à rendre à Dieu toute
la gloire de ses actions.

Mais enfin que sçavez-vous si le
premier & le principal dessein de
Dieu dans la création de l'homme
n'est pas l'Incarnation de son Fils ?
Peut-être, Eraste, que l'ordre de la
Nature ne sert que d'occasion à
celui de la Grace , & que Dieu
n'auroit point fait l'homme , si la
chûte de l'homme n'avoit donné
lieu à sa réparation. Je veux bien
que si l'homme n'avoit point peché , le Verbe ne se feroit point
Incarné : mais n'est-il pas certain
que l'obeïssance & le sacrifice du

Verbe-Incarné a plû davantage à celui qui ordonne toutes choſes ſelon ſon plaiſir, que la rebellion de l'homme ne lui a déplû? N'eſt-il pas raiſonnable de croire que Dieu a tout fait pour ſon Fils; puis qu'il a tout fait par ſon Fils, & que ſa principale vûë dans la diſpoſition de ſon ouvrage a été d'établir ſon Fils le Chef de ſon Egliſe & le Souverain Seigneur de toutes ſes creatures. *O certè neceſſarium Adæ peccatum... O felix culpa quæ talem ac tantum meruit habere redemptorem.*

Prenez garde à ceci, Eraſte, Dieu agit pour ſa gloire: & le principal de ſes deſſeins eſt celui dont il en tire davantage. Mais ne tire-t-il pas plus de gloire de ſon Fils que de tout le reſte de ſes Ouvrages? Il a dans ſon Fils un Adorateur, un Sacrificateur, une Victime dont la dignité eſt infinie, car ſon Fils eſt un Dieu qui l'adore, c'eſt un Dieu qui lui obeït, c'eſt un Dieu qui meurt pour honorer ſa Sainteté & ſa Juſtice. Mais ſuppoſé même que le monde n'ait point de bornes, quel honneur en reviendroit-il a ſon Auteur ? Suppoſé que tous les eſprits ſoient inceſſamment occupez à loüer celui qui leur donne l'être ; quelle proportion y a-t-il entre les creatures & le Createur, entre les loüanges des eſprits bien-heureux & la grandeur infinie de Dieu ; ſi ce n'eſt que les loüanges des Saints reçoivent une eſpece de grandeur & de dignité en Jesus-Christ, par qui, comme chante l'Egliſe, les Anges loüent la Majeſté divine, les Dominations l'adorent, &c. car l'Egliſe ſçait bien que ce n'eſt que par Jesus-Christ que l'on peut rendre à Dieu un honneur digne de lui.

Vous voyez donc, Eraſte, qu'encore que Dieu ait prévû la chûte de l'homme il n'a pas dû changer de deſſein, puis que cette chûte a été l'occaſion de ce grand Ouvrage ſi digne de la grandeur &

de la miſericorde de Dieu , & ſi admirable en toutes manieres.

Cependant , Eraſte , quand tout ce que je viens de vous dire , ne ſeroit pas certain , vous ne devez pas facilement croire que Dieu a dû changer de deſſein à cauſe qu'il a prévû le peché du premier homme & le deſordre de la nature. Penſez-vous , Eraſte , que ſi Dieu ne faiſoit qu'un homme il en fît un monſtre , je veux dire qu'il le fît avec deux têtes dont l'une ne lui ſerviroit de rien , & ne feroit que l'embarraſſer , ou avec un bras de nul uſage qui ſortiroit du milieu de ſon front & qui flotteroit inceſſamment ſur ſon viſage ? Penſez-vous qu'une ſemblable creature ſeroit un ouvrage digne d'une intelligence infiniment ſage & infiniment puiſſante ? Cependant il y a des monſtres , & je ne croi pas que ces petits dereglemens de la Nature doivent diminuër l'eſtime que vous avez de ſon Auteur , non ſeulement parce que ces

monſtres

monſtres tout imparfaits qu'ils ſoient en eux-mêmes , ne rendent point le monde imparfait : mais principalement parce que ces monſtres ſont des ſuites de la communication qui eſt entre l'imagination de la mere & le fruit qu'elle porte dans ſon ſein, & que cette communication eſt tres - ſagement établie pour la formation ou pour l'accroiſſement de l'enfant.

Dieu avoit bien prévû que cette communication cauſeroit quelquesfois du deſordre , mais voyant que ſon utilité ſeroit infiniment plus grande pour l'accompliſſement de ſon Ouvrage , que ce petit deſordre ; il n'a pas dû changer de deſſein. Il eſt vrai que Dieu pouvoit y remedier en établiſſant pour ces rencontres particuliéres quelques nouveles loix du mouvement : mais Dieu ne multiplie pas ainſi ſes volontez. Il eſt de ſa grandeur & de ſa ſageſſe d'agir toûjours par les voies les plus ſimples , & de n'employer qu'un tres-petit nombre de loix natureles pour produire un tres-grand nombre d'ouvrages admirables.

Et je ne crois pas qu'on doive toûjours penfer que Dieu ait d'autres voies de produire fon Ouvrage auffi fimples & auffi parfaites que celles dont il s'eft fervi, par lefquelles il pourroit le faire plus parfait qu'il n'eft, & tel que nous voudrions qu'il fût; cela n'eft peut-être pas vrai. Dieu agit apparemment de la maniere la plus digne de lui qui fe puiffe, je veux dire que fon Ouvrage eft autant parfait qu'il peut être parrapport aux voies dont il fe fert pour le produire ; & fi nous penfons y découvrir des défauts, outre que nous nous trompons fouvent, cela peut venir de la fimplicité des moyens dont il s'eft fervi pour le former, & de la liaifon que tous les corps ont les uns avec les autres.

Penferiez-vous, Erafte, que Dieu tout fage & tout puiffant qu'il eft

ne pût entierement remplir de petites boules le moindre efpace que
nous puiffions déterminer ? Cependant fi vous y faites réflexion vous
réconnoîtrez bien-tôt que cela n'eft
pas poffible, & que les boules qui
fe touchent, laiffant un efpace
triangulaire, il faut pour l'emplir
autre chofe que des boules : mais
d'où vient cette impoffibilité ? ce
n'eft pas du défaut de fageffe ou de
puiffance du côté de la caufe ; c'eft
du rapport que les corps ont les
uns avec les autres. Il y a un tel
enchaînement dans toutes les parties qui compofent le monde, qu'on
a quelque fujet de penfer qu'il y a
peut-être contradiction que l'homme foit plus parfait qu'il n'eft par
rapport aux corps qui l'environnent, & qu'il n'eft peut-être pas
poffible qu'il ait des aîles & qu'il
foit en même temps auffi-bien com-
pofé qu'il eft par rapport aux befoins de la vie préfente.

Ainfi, Erafte, comme vous ne
devez pas penfer que Dieu a dû

abandonner le dessein qu'il a eu de former des hommes par la generation ordinaire, à cause que les hommes semblent n'être pas parfaits, & que par cette voie il s'engendre quelque fois des monstres : vous ne devez pas aussi vous imaginer que Dieu ayant prévû le peché de l'homme, a dû prendre un autre dessein; quand même il n'auroit point réparé le desordre de la nature par une voie aussi digne de sa sagesse qu'est l'Incarnation de son Fils.

ERASTE. J'avoüe, Theodore, que ce que vous dites, est tres-raisonnable, & que ceux-là manquent de force & de fermeté d'esprit, qui abandonnent des veritez évidentes, lors qu'on leur propose des difficultez qu'ils ne peuvent résoudre, quoi que ces difficultez n'ayent point d'autre fondement que l'ignorance & la foiblesse de l'esprit humain. Et cela me persuade que la plûpart de ceux qu'on appelle dans le monde esprits forts, tels que sont quelques-uns de ceux qui se sont trou-

vez ici ces jours paſſez, n'ont pas
tant de force d'eſprit qu'Ariſtarque
ſe l'imagine.

THEODORE. Vous ne vous trompez pas, Eraſte : ces eſprits forts
ſont ordinairement de petits eſprits
qui ont plus d'orgueil que de lumiere. Comme ils ont l'eſprit petit , ils n'embraſſent & ne rétien-
nent pas facilement les preuves des
veritez même les plus communes,
& leur orgueil leur fait décider des
queſtions qu'il eſt abſolument impoſſible de réſoudre. Prenez bien
garde à ne vous pas épouvanter
avec eux des petites difficultez
qu'ils ſe font contre l'exiſtence de
Dieu & contre l'immortalité de
l'ame , & ne vous laiſſez jamais
étourdir par l'air & par la maniere
de leurs déciſions temeraires. Ecoutez la raiſon , & ſuivez ſa lumiere;
mais n'obeïſſez jamais à l'effort ſenſible que l'imagination des autres
fait ſur vôtre eſprit. M'entendez-
vous bien Eraſte ?

ERASTE. Fort-bien : Vous ne vou-

lez pas que je pense & que je vive
par opinion , mais que je pense &
que je vive par raison , & que j'é-
vite avec soin la contagion des esprits , qui se communique par les
manieres de ceux qui nous parlent.
Je le fais autant que je puis , & je
ne crains pas que nos prétendus esprits forts m'ébranlent par toutes
les choses qu'ils peuvent dire contre les preuves de l'existence de
Dieu que vous nous avez expliquées.

THEODORE. Et vous, Aristarque,
êtes-vous pleinement convaincu
qu'il y a une cause superieure à vous,
infiniment sage & infiniment puis-
sante? N'avez-vous plus de doute
raisonnable à me proposer? Je sçai
bien que vous n'êtes pas délivré de
l'épouvante que vos Heros vous
ont inspirée , & que vous êtes toûjours agité par quelques idées &
par quelques sentimens confus, qui
troubleront long-temps vôtre imagination pour justifier les raisonne-
mens de vos esprits forts ; mais vô-

tre raifon eft-elle éclairée ? La lumiere qui s'y repand à proportion
que vous êtes attentif à mes paroles eft-ce une lumiere pure qui per-
fuade par évidence ? n'y a-t-il point
quelque éclat éblouïffant qui vous
convainque par impreffion ? Car
comme je fuis pénetré de ce que je
vous dis, j'apprehende que l'air &
la maniere dont je vous parle, ne
faffe effort fur vôtre efprit, & qu'au
lieu de confulter la verité interieure, vous ne fortiez hors de vous-
même pour m'écouter, & qu'il ne
vous arrive ainfi d'être perfuadé,
lorfque je vous parle, & de douter
auffi-tôt que je ne vous parlerai
plus.

ARISTARQUE. Vous m'avez dit
plufieurs chofes qui m'ont paru fo-
lides ; mais je n'en demeure pas
d'accord, parce que je n'y ai pas
affez penfé. J'y penferai, & ......

THEODORE. Fort-bien, Ariftarque : mais prenez garde qu'afin que
la démonftration de l'exiftence de
Dieu fubfifte, il n'eft point necef-

ſaire que toutes les choſes que je viens de vous dire, ſoient incon-teſtables. Je les ai expliquées trop legerement pour prétendre que vous n'y trouviez point de difficulté, & je ne devois pas m'y étendre da-vantage ; parce que ne vous les di-ſant que pour répondre à vos obje-ctions je n'étois point obligé d'en établir la certitude, mais ſeulement d'en montrer la poſſibilité. Je vous en convaincrai pleinement dans la ſuite. Cependant ſi vous êtes bien perſuadé de leur poſſibilité, vous devez croire que vôtre objection ne détruit point les preuves que j'ai apportées pour l'exiſtence d'un être infiniment ſage & infiniment puiſ-ſant.

ARISTARQUE. Quand je penſe à toutes les choſes que vous nous dî-tes hier, je ne puis douter de l'exi-ſtence de Dieu. Mais quand je fais réflexion qu'il y a d'habiles gens qui en doutent, & que Monſieur * & pluſieurs autres perſonnes tres-ſçavantes & tres-ſpiritueles m'ont affuré qu'ils avoient befoin de foi pour le croire, il me refte quelque apprehenfion que vos preuves ne foient point certaines. Je confulterai Monfieur * pour fçavoir ce qu'il en penfe.

THEODORE. Vous confulterez le Dieu d'Accaron au lieu de confulter le Dieu d'Ifraël. N'êtes - vous pas content des réponfes claires & évidentes que la verité interieure vous rend ? Pourquoi confulter encore ce miferable ami ? Il vous a troublé, il vous troublera de nouveau. Son air eft contagieux, fon imagination eft dominante, & fi vous n'y prenez garde …

ARISTARQUE. J'y prendrai garde, & il me femble que je le convertirai.

THEODORE. Vous le convertirez, Ariftarque ? je le fouhaite. Mais penfez - vous que Dieu lui parle comme à vous ? ou plûtôt penfezvous qu'il rentre comme vous dans lui-même pour l'écouter ? Il y a fi long-temps qu'il fe bouche les oreilles qu'il en eſt dévenu ſourd, vous parlerez à ſes oreilles ; mais vous ne parlerez pas à ſon eſprit. Ne ſçavez-vous pas qu'il tient à trop de choſes, & que ſes paſſions, dont il ſuit aveuglément les mouvemens, l'ont rendu eſclave de tout ce qui l'environne? Cét air du grand monde & ce deſir de paſſer pour eſprit fort, ſa maniere inſolente & cavaliere de parler des choſes de la Religion ne vous marque-t-elle pas aſſez qu'il reçoit ſans ceſſe les inſpirations ſecretes de l'eſprit d'orgueil ? Dans le temps que vous lui parlerez, il ſe rira de vôtre ſimplicité, il vous ébloüira par un langage d'imagination, & vous aurez la confuſion de vous voir abatu à ſes pieds, & la verité traitée indignement par ce petit troupeau qui lui applaudit ſans ceſſe.

Si vous êtes réſolu, Ariſtarque de tenter ſa converſion, je vous conſeille de le prendre ſeul, de lui parler ſans émotion, de l'interroger ſans ceſſe comme ayant befoin de fa lumiere, & de le faire infenfiblement rentrer dans lui-même, afin qu'il puiſſe écouter la verité fans que fes paſſions s'y op-poſent. Lors qu'on veut convaincre les hommes, il faut toûjours dé-dommager leur amour propre, & les inftruire en forte qu'ils s'ima-ginent nous régenter. Il faut pren-dre l'air de difciple, & les inter-roger avec addreſſe & avec ſimpli-cité, afin que ſe plaiſant à nous inftruire, ils rentrent dans eux-mêmes pour récevoir les réponſes que nous leur demandons. Mais lors que nous avons reçû d'eux-mêmes les réponſes qu'ils ſe ſont efforcez de nous trouver, il faut les leur repréſenter à tous momens; car n'ayant cherché ces réponſes que pour nous, ils n'y penſent plus dés qu'ils s'en ſont déchargez.

La Verité eft un meuble fort inutile pour la plûpart des hom-mes : Elle ne fait que les embar-raſſer. Mais lors qu'elle eft de leur invention, & que par ce titre elle leur appartient, l'amour propre la ſouffre volontiers ; & ils y trouvent je ne ſçai quel agréement qui les gagne malgré l'incommodité qu'ils en reçoivent. Ainſi lors que vous aurez reçû quelque bonne réponſe de pluſieurs interrogations que vous aurez faites à vôtre ami, vous pourrez vous en ſervir pour le convaincre, il ne la deſavoüera pas ſi vous ne l'irritez ; & peut-être que ſon amour propre trahiſſant heureuſement ſes paſſions endormies, il ſe réjoüira à la vûë d'une lumiere qu'il ne pouvoit ſouffrir quelque temps aupavant.

ARISTARQUE. Je vous remercie, Theodore, de ces avis, j'en profiterai aſſûrement & l'impatience qui s'excite en moi par l'eſperance de rendre ſervice à mon ami, m'oblige de rompre nôtre entretien : il faut que je ne ſatisfaſſe.

THEODORE. Je loüe vôtre zele & la ſincerité de vôtre amitié. Courage Ariſtarque, je ſouhaite que vous réveniez content... Pour vous, Erafte, ayez foin de répaffer dans vôtre efprit les chofes que nous avons dites , & de vous en entretenir avec Ariftarque dés qu'il fera de rétour.

ENTRETIEN III.

De l'Ordre de la Nature dans la création de l'homme.

THEODORE. Hé bien, Ariftarque, vous avez converti vôtre homme; Erafte vient de me faire le narré de l'entretien que vous avez eu avec lui. Je fçai même qu'il veut être vôtre difciple, & qu'il fouhaite que vous lui rendiez conte de la fuite de nos converfations. Appliquez-vous donc , s'il vous plaît , par l'amitié que vous avez pour lui, afin que vous puiffiez lui démontrer toutes chofes avec quelque exactitude.

ARISTARQUE. Vous me prenez

par mon foible , car je ſuis extrémement ſenſible à l'amitié,& il me ſemble que j'ai une double ardeur de connoître la verité dans le deſſein que j'ai de la communiquer à mon ami. Continuons donc je vous prie ; Je ſuis perſuadé qu'il y a un Dieu , je veux dire, un être infiniment parfait , dont la ſageſſe & la puiſſance n'a point de bornes , & dont la providence s'étend non ſeulement juſqu'à nous , mais juſques aux atomes de la matiere. Je me ſouviens de vos preuves & je ſuis convaincu.

THEODORE. Je ne puis rien démontrer de la veritable Religion ni de la veritable Morale que je ne connoiſſe les fins de Dieu, non pas toutes, Ariſtarque, mais ſeulement celles qu'il a dans la création & dans la converſation de nôtre être.

ARISTARQUE. Ah , Theodore, cherchez quelqu'autre principe : mon ami eſt Carteſien , il réjette entirement de ſa Philoſophie la récherche des cauſes finales; & quoiqu'il foit convaincu préfentement qu'il y a un Dieu, il ne manquera pas de me dire que nous ne devons point tant préfumer de nous-mêmes, que de croire que Dieu nous ait voulu faire part de fes confeils.

THEODORE. Vôtre ami ne vous dira pas cela, s'il eft bon Cartefien. La cónoiffance des caufes finales eft affez inutile pour la Phyfique, ainfi que Defcartes le prétend : Mais elle eft abfolument neceffaire pour la Religion. Pouvez-vous obeïr à Dieu fi vous ne connoiffez pas fes volontez ? Et penfez-vous lui plaire & qu'il vous rende heureux , fi vous ne lui obeïffez ? Vous vous imaginez peut-être qu'on ne peut rien connoître par la raifon du deffein de Dieu fur les hommes, mais vous vous trompez. Ne penfez pas trop à vôtre ami, penfez à ce que je vais vous dire.

Vous êtes perfuadé que Dieu eft fage, & vous lui attribüez toutes les perfections dont vous avez quel-

que idée. Dieu aime donc davantage ce qui eſt le plus aimable? il
s'aime donc plus que toutes choſes?
il eſt donc à lui-même la fin de toutes ſes actions ? Dieu eſt donc la fin
de la création & de la conſervation
de nôtre être ? La faculté que nous
avons de connoître, c'eſt-à-dire,
nôtre eſprit, celle que nous avons
d'aimer, ou nôtre volonté, ſont donc
faites & ſont conſervées pour connoître & pour aimer Dieu, ſuppoſé
comme vous n'en doutez pas, qu'elles ayent été faites pour connoître
& pour aimer. Trouvez-vous quelque obſcurité dans ces choſes ?
Prenez-y garde, c'eſt le principe de
tout ce que nous dirons dans la
ſuite.

ARISTARQUE. Cela me paroît
auſſi évident que les principes les
plus certains de la Phyſique.

THEODORE. Cela l'eſt même
davantage : la communication des
mouvemens eſt certaine, l'experience nous l'apprend ; cependant cette
communication des mouvemens

pourroit n'être pas , elle cessera apparemment aprés la Résurrection, afin que nos corps soient incorruptibles:Mais Dieu ne cessera jamais de vouloir que nous le connoissions & que nous l'aimions.Or puis que cela vous paroît évident , comment se peut-il faire qu'il y ait des hommes qui ne connoissent & qui n'aiment point Dieu,puis que Dieu ne les conserve que pour le connoître & que pour l'aimer? Pensez-vous que l'on puisse resister à Dieu, & que Dieu ait quelque amour pour des esprits qui n'ont aucune connoissance de lui,ni aucun amour pour lui ? Pensez-vous que Dieu les conserve,& ne sçavez-vous pas que si Dieu cesse de les aimer, ils ne seront plus ?

ARISTARQUE. Je commence à douter de vôtre principe , car vous en tirez de fâcheuses consequences.

THEODORE. Cela est étrange, Aristarque , que vous puissiez douter des choses dont vous avez évidence. Ne rétiendrez-vous jamais qu'il faut préferer la lumiere aux tenebres , & qu'il ne faut point abandonner des veritez claires à cauſe de la difficulté que l'on trouve à éclaircir des objections obſcures. Accoutumez-vous à diſcerner le vrai du vrai-ſemblable ; & prenez gardez que ce que je viens de vous objecter , eſt vrai en un ſens & faux en l'autre. Car il n'y a point d'homme qui ne connoiſſe & qui n'aime Dieu en un ſens. Vous le verrez dans la ſuite.

Ainſi arrêtez-vous ferme à cette verité : Que Dieu n'a fait & ne conſerve les eſprits que pour le connoître & que pour l'aimer ; & cette verité ſuppoſée puis qu'elle eſt évidente , tâchez de découvrir comment on peut concevoir que tous les eſprits connoiſſent & aiment Dieu ; car cela eſt de la derniere conſequence. J'interroge Eraſte pour vous conduire inſenſiblement à cette verité.

Penſez-vous , Eraſte , que les eſprits puiſſent voir les corps ? ou plûtôt penfez-vous que ce monde materiel & fenfible puiffe être l'objet immediat de l'efprit ? penfezvous que les corps puiffent agir dans l'efprit, fe rendre vifibles à l'efprit, éclairer l'efprit ?

ERASTE. Je ne le penfe pas.

THEODORE. Que voyez-vous donc immediatement lors que vous voyez le monde matériel & fenfible?

ERASTE. Je voi, pour ainfi dire, le monde intelligible.

THEODORE. Quoi! lors que vous regardez les étoiles vous ne voyez pas les étoiles ?

ERASTE. Lors que je regarde les étoiles, je voi les étoiles ; lors que je regarde les étoiles du monde materiel, je voi les étoiles du monde intelligible, & je juge que ces étoiles materieles font femblables à celles du monde intelligible que je voi. Car le Soleil que je voi, eft tantôt grand & tantôt petit, & il n'eft jamais plus grand qu'un cercle intelligible de deux ou trois pieds de diamétre : mais le

Soleil materiel eſt toûjours le même, il eſt ſelon le ſentiment de quelques Aſtronomes environ trente mille fois plus grand que la terre, ce n'eſt donc pas celui-là que je voi dans le temps que je le regarde.

THEODORE. Mais, Eraſte, où eſt ce monde intelligible que vous voyez ? penſez-vous le renfermer dans vous même ? penſez-vous que vôtre ame comprenne d'une maniére intelligible tous les êtres que Dieu peut faire & qu'elle peut voir? Vôtre ame dont les bornes ſont ſi étroites, dont les perfections ſont finies, qui certainement ne renferme pas toutes choſes, peut-elle en ſe conſiderant voir toutes choſes ?

ERASTE. Je ne le penſe pas, mais je n'oſerois vous dire mon ſentiment ; je m'imagine qu'il n'y a que Dieu qui renferme le monde intelligible, & que nous voyons en Dieu tout ce que nous voyons.

THEODORE. Mais, Eraſte, pourquoi n'oſez-vous dire tout haut ce que vous en penſez ? y a-t-il du danger ou de l'extravagance de dire que Dieu seul est nôtre lumiere, qu'il est seul la perfection & la nourriture de l'esprit, & que nous dépendons de lui en toutes manieres, non seulement pour dévenir plus heureux, mais encore plus éclairez & plus parfaits.

ERASTE. J'apprehende qu'Aristarque ne m'appele visionnaire si je dis que je voi toutes choses en Dieu, comme si j'assurois qu'on peut voir Dieu dés cette vie, à cause que tout ce qui est en Dieu, est Dieu même.

THEODORE. Il y a difference entre voir l'essence de Dieu, & voir l'essence des choses en Dieu ; car encore qu'on ne voie que Dieu lors qu'on voit l'essence des choses en Dieu, on ne voit Dieu que par rapport aux créatures, on ne voit les perfections de Dieu qu'entant qu'elles réprésentent autre chose que Dieu : de sorte que quoi que l'on voie Dieu, & que l'on ne puisse rien voir que lui, puisque Dieu ne conserve les esprits que pour lui, on peut dire en un sens que l'on ne voit que les créatures. Car encore que Dieu ne voie que lui, il est certain qu'il voit les créatures lors qu'il voit ce qui est en lui-même qui les réprésente : de même quoique nous ne voyions Dieu que d'une vûë immediate & directe, nous voyons en Dieu ce qui les réprésente, car pour les créatures en elles-mêmes, elles font invisibles.

Oüi, Erafte, il n'y a point de créature corporele ni spirituele qui puisse agir immediatement dans l'ame, & se faire voir à elle. Tout ce que nous voyons, Dieu nous le montre, mais il nous le montre dans sa substance ; car il n'y a que la substance Divine qui puisse nous donner la vie, nous éclairer & nous rendre heureux. Nous sommes faits pour être nourris de cette substâce, & pour vivre d'elle ; & si l'esprit a quelque vie, je veux dire, s'il a quelque connoissance (car la connoissance de la verité est la vie de l'ame) il la reçoit de cette substance & dans cette substance.

Prenez garde, Eraste, tout ce que Dieu a fait, il l'a fait à son image ou selon son image ; il a fait les animaux, les plantes, les insectes même selon l'image ou selon l'idée vivante qu'il en a. Car il a fait toutes choses par son Fils, par son Verbe, selon cette sagesse increée dans laquelle toutes choses vivent : mais il n'a pas fait seulement l'homme selon son image ou selon sa sagesse, il l'a fait pour sa sagesse, pour contempler cette verité éternele qui renferme les idées de toutes choses.

Un impertinent Philosophe trouvoit ce défaut dans la Religion des Chrêtiens, qu'ils mangeoient celui qu'ils adoroient, condamnant la cómunion que nous avons au Corps & au Sang de Jesus-Christ, que nous récevons aprés l'avoir adoré. Il ne sçavoit pas que la sagesse du Pere, le Verbe qui éclaire & qui nourrit l'esprit, vouloit nous apprendre d'u-

ne maniere senfible & par la man-
ducation réele de son corps qu'il
est réelement nôtre vie & nôtre
nourriture, & qu'il a fait nôtre esprit pour le connoître & pour l'aimer ; car nôtre esprit ne doit aimer que ce qui le nourrit, que ce
qui lui donne la vie, que ce qui le
rend plus parfait, que ce qui est
au dessus de lui ; puis qu'il n'y a
que cela qui puisse être son vrai
bien.

S'il est certain que la faculté que
nous avons de penser, vient de
Dieu, il est certain qu'elle est faite
pour Dieu, puis que Dieu n'agit que
pour lui, comme Aristarque en con-
vient. Mais si nous ne voyons les
choses en Dieu, comment peut-on
dire que Dieu ne nous a faits & ne
nous conserve que pour lui ? car enfin si l'objet immediat de nos con-
noissances sont des corps, nôtre esprit est en partie fait pour les voir.
En quel sens peut-on dire aussi que
Dieu ne conserve l'esprit des Demons & des damnez que pour lui,

si l'esprit de ces mal - heureux ne voit Dieu en quelque maniere? Ils sont morts, direz-vous ; & cela est vrai en un sens, mais il connoissent peut-être quelque verité , & si la connoissance de la verité est la vie de l'ame, ils ne sont pas entierement morts, ils ne sont pas aneantis, ils ont encore quelque union avec la sagesse éternele dont la lumiere pénetre jusques dans les abîmes. Ils se nourrissent du Verbe s'ils ont encore quelque vie , parce qus c'est lui seul qui est la vie : mais ile n'en sont pas plus-heureux , car ils voudroient être morts. Ils ne se nourissent qu'avec dégoût d'une verité qu'ils n'aiment pas ; ils cherchent les tenebres ; ils souhaitent le neant, & que ce reste d'union avec Dieu qui les éclaire & qui les soûtient, se rompe & se dissipe pour jamais.

ARISTARQUE. Que nous dites-vous là, Theodore : Que l'esprit ne voit que Dieu ? Quoi ! nous voyons l'erreur dans Dieu? les Philosophes voient en Dieu toutes leurs chiméres ? Et le pere du mensonge reçoit de Dieu . . . . . .

THEODORE. Prenez garde, Aristarque, l'erreur ne se voit pas : elle n'est ni visible, ni intelligible. La verité est un rapport qui est, & ce qui est peut être vû. Il y a un rapport d'égalité entre 2. fois 2. & 4. & ce rapport peut être vû, parce qu'il est. Il y a un rapport d'inégalité entre 2. fois 2. & 5. & ce rapport d'inégalité peut être vû, parce qu'il est. Ainsi la verité est visible ou intelligible ; mais l'erreur ne l'est pas. On ne peut voir que 2. fois 2. soient 5. ou un rapport d'égalité entre 2. fois 2. & 5. car ce rapport d'égalité n'est point. On ne peut voir que 2. fois 2. ne soient pas 4. ni un rapport d'inégalité entre 2. fois 2. & 4. car ce rapport d'inégalité n'est point. Ainsi quand on se trompe, on ne voit pas les rapports que l'on juge librement & faussement que l'on voit. Quand un homme se trompe, il voit bien les choses en Dieu, quoi que d'une maniere imparfaite , mais pour les rapports entre les choses , il ne les voit pas ; car ces choses font , & ces rapports là ne font point. Je ne m'arrête pas à vous expliquer la caufe de nos erreurs , & les differentes manieres dont on y tombe ; cela a déja été fait.

ERASTE. J'avoüe , Theodore, que nous voyons en Dieu les veritez éterneles , & les régles immüables de la Morale. Un efprit fini & changeant ne peut voir dans lui-même l'éternité de ces veritez & l'immutabilité de ces loix, il les voit en Dieu. Mais il ne peut voir en Dieu des veritez paffageres & des chofes corruptibles , puis qu'il n'y a rien en Dieu qui ne foit immüable & incorruptible.

THEODORE. Cependant, Erafte, Dieu voit tous les changemens qui arrivent dans le monde, & il ne les voit que dans lui-même : il voit donc en lui-même toutes les chofes qui font fujetes au changement & à la corruption , quoiqu'il n'y ait

rien dans lui qui ne soit parfaitement immüable & incorruptible.
Mais voici comment tout cela se
peut expliquer.

Dieu a dans lui-même l'idée, par-
exemple, de l'étenduë, puis qu'il la
voit & qu'il l'a faite ; & cette idée
est incorruptible. Il a voulu qu'il y
eût des êtres étendus , & ces êtres
ont été produits. Il a aussi voulu
que ces parties étenduës fussent agi-
tées sans cesse & qu'elles se com-
municassent mutuelement leurs
mouvemens. Or cette communication de mouvement que Dieu ne
peut ignorer, puis qu'il ne peut ignorer ses volontez qui en sont la cause,
est l'origine de la mutabilité , de la
corruption, & de la generation des
differés corps; ainsi Dieu voit en lui-
même la corruptió de toutes choses,
quoiqu'il soit incorruptible. Car s'il
voit dans sa sagesse les idées incor-
ruptibles, il voit dans ses volontez
toutes les choses corruptibles ; puis
qu'il n'arrive rien qu'il ne fasse.

Voici donc comment nous vo-

yons en Dieu ces mêmes chofes.
Nous voyons toutes les idées & les
veritez immüables en Dieu. Pour
ce qui eft des veritez paffageres,
nous ne les connoiffons pas dans
la volonté de Dieu comme Dieu
même , car fa volonté nous eft in-
connuë : mais nous les connoiffons
par le fentiment que Dieu caufe en
nous à leur préfence. Ainfi lors que
je voi le Soleil, je voi l'idée de cercle en Dieu, & j'ai en moi le fentiment de lumiere , qui me marque
que cette idée réprefente quelque
chofe de creé & d'actuelement exi-
ftant : mais je n'ai ce fentiment que
de Dieu qui certainement peut le
caufer en moi , puis qu'il eft Tout-
puiffant , & qu'il voit dans l'idée
qu'il a de mon ame , que je fuis capable de fentiment.

Ainfi dans toutes les connoiffances fenfibles que nous avons des
chofes corruptibles, il y a idée pure
& fentiment ; l'idée eft dans Dieu,
le fentiment eft dans nous , mais
venant de Dieu. C'eft l'idée,qui ré-

preſente l'eſſence de la choſe , & le
ſentiment fait ſeulement croire
qu'elle eſt exiſtante , puis qu'il nous
porte à croire que c'eſt elle qui le
cauſe en nous , à cauſe que cette
choſe eſt pour lors préſente à nôtre
eſprit , & non pas la volonté de
Dieu , laquelle ſeule cauſe en nous
ce ſentiment.

ARISTARQUE. Je veux bien,
Theodore , que Dieu puiſſe nous
éclairer, & nous montrer dans lui-
même toutes les idées que nous
avons des choſes. Mais pourquoi
recourir à Dieu ? réfutez au moins
les ſentimens des Philoſophes ſur
ce ſujet , afin que je puiſſe mieux
convaincre mon ami ; il ſera ſans
doute entêté de quelque ſentiment
different du vôtre.

THEODORE. Cela a déja été fait
par l'Auteur de la Récherche de la
Verité. *Mais ſi vôtre ami trouve à
rédire que j'aie recours à Dieu pour
expliquer certaines choſes, vous lui
direz que les effets naturels ſont de
*Liv.3. deux ſortes : qu'il y en a de parti-

culiers, & qu'il y en a de generaux:
que pour expliquer les particuliers,
il est ridicule de récourir à la cause generale ; mais que pour expliquer les effets generaux, on se trompe de chercher quelque cause particuliere.

Si l'on me demande par exemple,
d'où vient qu'un linge se seche lors
qu'on l'expose au feu , je ne serai
pas Philosophe si je répons que
Dieu le veut, car on sçait assez que
tout ce qui se fait , se fait parce que
Dieu le veut : on ne demande pas
la cause generale, mais la cause particuliere d'un effet particulier. Je
dois donc dire que les petites parties du feu ou du bois agité venant
à heurter contre le linge communiquent leur mouvement aux parties
de l'eau qui y sont, & les détachent
du linge ; & alors j'aurai donné la
cause particuliere d'un effet particulier.

Mais si l'on me demandoit d'où
vient que les parties du bois agitent celles de l'eau, ou que les corps

communiquent leur mouvement à
ceux qu'ils rencontrent, je ne ſerois
pas Philoſophe ſi je cherchois quelque cauſe particuliere de cét effet
general , je dois récourir à la cauſe
generale qui eſt la volonté de Dieu,
& non à des facultez ou à des qualitez particulieres.

Or on réconnoît que l'effet eſt
general & il faut par conſequent
récourir à la cauſe generale , lors
que cét effet n'a point de liaiſon
neceſſaire avec ce qui ſemble en
être la cauſe, comme il arrive dans
la communication du mouvement;
car l'eſprit ne voit point de neceſſité qu'un corps qui en choque un
autre , le pouſſe , puis que ce corps
peut réjaillir.

Si donc vôtre ami prétend vous
expliquer la nature & la generation
des idées par les termes ſcientifi-
ques d'eſpeces impreſſes & expreſſes,
de ſens exterieurs & interieurs , du
ſens commun, de *l'intellect agent*,&
de *l'intellect paſſible* ; vous lui ferez
voir que de ce qu'un corps change

de situation ou de figure , il n'y a
point de neceſſité qu'il y ait dans
un eſprit une nouvele penſée ; &
qu'ainſi il faut récourir à la cauſe
generale qui peut ſeule lier les choſes qui n'ont point entr'elles de
rapport neceſſaire. Je ne m'arrête
pas à vous réſoudre toutes les difficultez que vous & vôtre ami pouvez avoir ſur les choſes que je viens
de dire , vous les trouverez peut-
être, reſoluës dans le 3. Livre de la
Récherche de la Verité. Paſſons à
la volonté de l'homme , je vous
l'explique.

Comme Dieu ne nous fait & ne
nous conſerve que pour lui, il nous
pouſſe inceſſamment vers lui, c'eſt-
à-dire vers le bien en general , ou
vers ce que nous concevons renfermer tous les biens. Il nous pouſſe
même vers les biens particuliers
ſans nous éloigner de lui , parce
qu'il renferme ces biens dans l'infinité de ſon être ; car comme les
eſprits ne voient que lui dans le
ſens que j'ai expliqué , il peut nous

E v

porter vers tout ce que nous voyons quoiqu'il ne nous ait fait que
pour lui. Mais il faut bien rémarquer qu'il nous porte infailliblement & neceſſairement vers le bien
en general , parce que l'amour du
bien en general ne pouvant jamais
être mauvais, il ne devoit pas être
libre , mais l'amour des biens particuliers quoique bon en lui - même , pouvant être mauvais, il devoit être en nôtre puiſſance de con-
ſentir ou de reſiſter à ſon mouvement.

ARISTARQUE. Mais comment,
Theodore , l'amour des biens particuliers peut-il être mauvais? nous
n'aimons que ce que nous voyons,
nous ne voyons que Dieu, nous n'aimons donc que Dieu , lors qu'il
ſemble que nous aimons les créatures ; comment donc nôtre amour
peut-il être mauvais ?

THEODORE. Nous n'aimons que
Dieu, Ariſtarque, car Dieu ne nous
conſerve que pour l'aimer : mais
nôtre amour eſt mauvais lors qu'il

n'eſt pas reglé ; ou plûtôt nôtre amour eſt toûjours bon abſolument & en lui-même, mais il n'eſt pas bon par rapport. Nôtre amour eſt toûjours bon en lui-même, car nous ne ſçaurions jamais aimer ce qui nous paroît mauvais : nous ne pouvons aimer que ce que nous croyons être bon & aimable, puis que c'eſt Dieu qui nous fait aimer, & que nous n'aimons que lui entant que nous n'aimons que ce que nous voyons en lui. Mais nôtre amour eſt mauvais par rapport, parce que nous aimons trop les choſes les moins aimables, en un mot parce qu'au lieu d'aimer Dieu en lui-même, nous l'aimons par rapport à ſes Ouvrages ; car n'aimant que ce que nous voyons, nous aimons Dieu, mais entant qu'il repréſente une vile créature, & non ſelon ce qu'il eſt en lui-même.

Dieu veut bien qu'on aime ce qui eſt en lui, qui repréſente une créature, mais il ne veut pas que l'on y arrête le mouvement de ſon

amour : il veut que l'on aime tout
ce qu'il renferme ; il veut que l'on
l'aime ſelon l'idée d'être en general,
d'être infiniment parfait, d'être ſou-
verainement aimable ; laquelle idée
ne ſe rapporte qu'à lui, & ne répreſente rien qui ſoit hors de lui. Il
n'y a que l'idée du bien infini qui
doive arrêter le mouvement de nôtre amour ; & nous ſommes tellement libres dans l'amour des biens
finis, que nous ſentons même les
reproches ſecrets de nôtre raiſon,
lors que nous nous y arrêtons : parce que celui qui nous a faits pour
lui, nous parle, afin que nous nous
tournions vers lui, & que nous ne
donnions point de bornes au mouvement d'amour qu'il produit ſans
ceſſe en nous. Tout le mouvement
que l'ame a pour le bien, vient de
Dieu, & comme Dieu n'agit que
pour lui, tout le mouvement de
l'ame n'a point d'autre terme que
Dieu dans l'inſtitution de la nature.
Dieu ne préſentant point aux eſprits d'autre idée que lui, puis qu'il

a fait les esprits pour lui ; tous les mouvemens des volontez sont vers lui, puis que les volontez ne se meuvent que vers les choses que l'esprit aperçoit. Mais les hommes pensant voir les créatures en elles-mêmes, le consentement qu'ils donnent au mouvement que Dieu leur imprime, se termine aux créatures; & l'on peut dire tres-veritablement que l'amour libre des hommes, ou leur consentement au mouvement qu'ils reçoivent de Dieu, tend vers les créatures, quoique le mouvement naturel de leur amour ne puisse tendre que vers Dieu.

Vous voyez donc, Aristarque, comment Dieu ne conserve les esprits que pour lui, comment les facultez qu'ils ont de connoître & d'aimer, ne connoissent & n'aiment que lui ; que les pecheurs ne renversent pas les loix de la nature, qu'elles sont inviolables ; & que le principe general de la Religion & de la Morale, *Que Dieu nous a faits pour lui*, est absolumét incontestable.

Aristarque. Mais, Theo-
dore, si l'ordre de la nature est que
nous connoissions & que nous aimions Dieu ; & que nous ne puis-
sions résister à cét ordre, puis que
le mouvement de nôtre amour pour
les créatures tend necessairement
vers le Créateur ; comment peut-
on dire que nous offensons veritablement Dieu ?

Theodore. On le peut dire
pour plusieurs raisons que voici.

Dieu pousse incessamment les
esprits vers le bien soit general, soit
particulier ; car tout bien est aimable. Il les pousse invinciblement
vers le bien general ; mais il n'en
est pas de même de l'impression
qu'il leur donne vers les biens particuliers. Dieu ne borne pas vers
ces biens l'action qu'il produit en
eux : car si nous y prenons garde,
nous sentons assez que dans le temps
que nous nous arrétons à quelque
bien fini, nous avons du mouvement pour aller plus loin, si nous
le voulons. Ainsi nous offensons

Dieu en ce que nous bornons ſon action, & que nous ne le laiſſons pas agir en nous ſelon toute l'étendüe de ſon action.

La raiſon pour laquelle Dieu nous pouſſe vers le bien, c'eſt qu'il nous pouſſe vers lui, & il nous pouſſe vers lui parce qu'il s'aime. C'eſt donc l'amour que Dieu ſe porte à lui-même qui produit en nous nôtre amour, ainſi nôtre amour doit être ſemblable à celui que Dieu ſe porte: mais il ne lui reſſemble pas lors qu'il ſe borne à un bien particulier, il eſt donc alors indigne de la cauſe qui l'a produit, & l'on peut dire qu'il lui déplaît.

Il n'y a que Dieu qui puiſſe agir dans l'ame & lui cauſer du plaiſir, & il a voulu par ſon décret ou par ſa volonté generale qui fait l'ordre de la nature, que le plaiſir accompagnât certains mouvemens qui ſe paſſent dans le corps. Ainſi ceux qui produiſent dans leur corps ces mouvemens ſans raiſon & même contre les reproches ſecrets de leur

raison , obligent Dieu en confe-
quence de fa volonté generale de
les récompenfer par des fentimens
agreables , lors même qu'ils de-
vroient être punis. Ils font donc
effort contre fa juftice, & ils l'offenfent. Mais ils ne font cét effort que
par l'amour qu'ils ont pour des
biens particuliers ; ainfi cét amour
offenfe Dieu. Car enfin ceux qui
aiment leur plaifir , fans fe mettre
en peine de la veritable caufe qui
le produit, offenfent cette caufe:
puis que Dieu ne caufe jamais le
plaifir afin que l'on s'y arrête ; c'eft
pour autre chofe , c'eft afin que
l'on aime la caufe qui produit le
plaifir, & que l'on s'uniffe à la chofe
qui determine cette caufe à le produire.

Vous voyez donc , Ariftarque,
comment on offenfe Dieu lors
qu'on arrête le mouvement d'a-
mour, qu'il imprime en nous , à des
biens particuliers. Mais quand vous
ne le verriez pas , vous ne pouvez
douter que cela ne foit. Car lors

qu'on borne son amour à des biens particuliers, l'on entend des reproches dans le secret de sa raison ; & tout reproche juste marque infide-delité contre celui qui le fait. Ces reproches ne peuvent venir que de la cause generale, puis qu'ils se trouvent generalement dans tous les hommes : ces reproches sont donc justes, & comme c'est Dieu qui les fait, on l'offense lors qu'on borne son amour à des biens particuliers. Cette raison seule suffit, car il est inutile de chercher des preuves abstraites d'une chose dont on est convaincu par sentiment interieur, par une lumiere qui pénetre les plus aveuglez, & par une punition qui blesse les plus endurcis.

ARISTARQUE. Je croi toutes ces choses, & je vous prie de continuer.

THEODORE. Si vous croyez toutes ces choses, Aristarque, voyez vôtre ami, demandez-lui d'abord s'il veut être heureux. Montrez-lui qu'il n'y a que Dieu qui puisse agir en lui, qui puisse causer en lui le plaisir qu'il aime tant & qui le rend d'autant plus heureux qu'il est plus grand. Réprésentez-lui que Dieu est juste, qu'il veut être obei, & qu'il n'est pas concevable qu'il rende veritablement heureux ceux qui ne suivent pas ses ordres, ni malheureux ceux qui les suivêt; qu'ainsi l'on doit faire tous ses efforts pour connoître la volonté de Dieu, & que l'on doit y obeir avec toute la fidelité possible.

Vous jugez bien qu'il faut être stupide ou insensé pour ne pas voir ces choses, & que si on les voit, il faut être enragé ou desesperé pour n'en être pas touché. Mais ne lui faites pas ces reproches, prenez garde sur toutes choses à ne pas réveiller ses passions, & principalement son orgueil ; car il ne concevroit rien de ce que vous pourriez lui dire. Faites-lui connoître autant que vous pourrez, que Dieu n'agit que pour lui-même ; qu'il n'a fait nôtre esprit que pour lui ; qu'il n'a donné du mouvement à nôtre cœur, que pour le porter vers lui; qu'ainſi nous ne devons pas abuſer du mouvement d'amour que Dieu nous imprime, pour aimer autre choſe que lui, ou l'aimer ſans rapport à lui.

Faites-lui connoître, Ariſtarque, que Dieu eſt ſon vrai bien, non ſeulement en ce qu'il peut ſeul le rendre heureux, mais encore en ce qu'il n'y a que lui qui puiſſe le rendre plus parfait ; non ſeulement en ce qu'il cauſe le plaiſir, mais auſſi en ce qu'il produit la lumiere.

Tâches de lui perſuader qu'il n'y a que Dieu qui ſoit la vie & la nourriture de l'ame ; que tous les corps ſont inviſibles par eux-mêmes, & entierement incapables de produire aucun ſentiment dans nôtre ame ; que Dieu renferme tous les biens d'une maniere intelligible, d'une maniere propre à agir dans l'eſprit, à ſe faire voir à l'eſprit, à ſe faire goûter à l'eſprit ; enfin que Dieu ſeul eſt le vrai bien de l'eſprit en toutes manieres, & qu'on ne doit aimer ni adorer que lui.

Réveillez ainſi ſon attention par des choſes auxquelles il n'a peut-être jamais penſé, & qui puiſſent par leur nouveauté exciter en lui une curioſité ſalutaire. Mais ſur toutes choſes tâchez de lui faire bien ſentir l'injuſtice qu'il commet contre Dieu lors qu'il ſuit ſes paſ-ſions, & qu'étant pecheur & par conſéquent indigne d'être récom-penſé par les ſentimens agréables de plaiſir, il oblige Dieu en con-ſequence de ſes volontez immua-bles de les lui faire ſentir dans le temps même qu'il l'offenſe ; que la mort corrompra ſon corps, & qu'a-lors Dieu demeurant immuable dans ſes decrets, il ſe vangera du-rant toute l'éternité des outrages qu'il lui aura faits en le contrai-gnant pour ainſi dire, non ſeule-ment de le ſervir dans ſes deſordres, mais même de lui en donner ré-compenſe.

Enfin faites-lui connoître la ne-

cessité de la pénitence, & tâchez
de lui inspirer une horreur salutai-
re pour tous ces plaisirs criminels
qui charment les sens & qui corrompent le cœur & la raison : afin
que rentrant en lui-même, le bruit
confus de ses passions ne l'empêche
point d'entendre les reproches se-
crets de la verité interieure, & de
comprendre les choses que vous
lui direz dans la suite.

ENTRETIEN IV.

Du desordre de la Nature cau-
sé par le peché Originel.

THEODORE. Etes-vous
bien satisfait, Aristarque, de
la derniere visite que vous
avez renduë à vôtre ami ?

ARISTARQUE. Fort-mal. Mon
ami devient tout chagrin lors que
je lui parle, il se fàche même &
s'emporte. Cela me désole.

THE. Mais ne raille-t-il plus ?

ARI. Non.

THE. Confolez - vous donc , Ariftarque , vôtre ami fe porte mieux , & j'efpere qu'il en révien-dra. Il n'eft plus infenfible à fes bleffures, puis qu'il ne rit plus lors qu'on les penfe.

Seriez-vous furpris de voir qu'un homme devint chagrin & fe mît en colere fi on le couvroit de plaies, auffi - bien que de confufion & de honte : pourquoi donc voulez-vous que vôtre ami foit infenfible? Vous lui avez peut - être dit des veritez qui l'obligent d'abandonner les plaifirs, de fe dépoüiller du vieil homme , d'entrer dans l'efprit de pénitence , & de paroître tout cou-vert de confufion & de honte dans l'efprit de ces miferables amis, qui fe railleront de fon changement. Il s'eft repréfenté toutes ces chofes, & il s'en eft épouvanté. S'il s'eft fâché, Ariftarque , c'eft que vous l'avez bleffé ; & je croi que vous ne l'a-vez bleffé que parce que vous l'a-vez perfuadé. N'eft - ce pas une

chose bien fâcheuse pour un homme du monde que de changer tout-
à-fait de conduite, & d'approuver
par son exemple une maniere de
vivre dont nos amis se raillent, &
dont on s'est raillé avec eux toute
sa vie ? peut-être que vôtre ami réconnoît cette obligation, il veut
rompre ses liens, mais il se déchire
lui-même : son cœur se partage ; &
vous êtes surpris de ses douleurs &
de ses impatiences.

Sçachez, mon cher Aristarque,
que si vôtre ami vous écoutoit sans
émotion ce seroit une marque qu'il
ne seroit point touché de vos paroles ; c'est qu'il n'en seroit point pénetré ; c'est q'il n'en seroit point
convaincu de cette conviction qui
porte à l'action, qui commence
la conversion, & qui nous fait souffrir, parce qu'elle nous dépoüille du
vieil homme. Ainsi réjoüissez-vous,
non de ce que vous avez rempli vôtre ami de tristesse, mais de ce que la
tristesse de vôtre ami est apparemment une tristesse qui porte à la pénitence.

A R I. Que vous me donnez de joie. Continuons, je vous prie, nos entretiens, afin que je me fortifie dans la connoiſſance des preuves de la Religion & de la Morale pour convaincre pleinement mon ami.

Vous me prouvâtes le dernier jour, que Dieu ne nous avoit faits que pour le connoître & que pour l'aimer. Quelle conſequence tirez-vous de ce principe ? Car je demeure d'accord que Dieu ne veut point que nous bornions à des biens particuliers le mouvement d'amour qu'il imprime ſans ceſſe en nous, afin que nous l'aimions ſans ceſſe non par rapport à ſes ouvrages qui étant au deſſous de nous ſont indignes de nôtre amour, mais en luimême & ſelon l'idée d'être infiniment parfait, que nous en avons.

T H E. Tous les préceptes de la Morale Chrêtienne d'épendent de ce principe. Vous le croyez déja, mais vous le verrez clairement lors que je m'en ſervirai pour ju-

ſtifier

ſtifier les conſeils que la ſageſſe éternele nous a donnés dans l'E-vangile.

Je veux préſentement vous faire voir que ce principe eſt le fonde-ment de la Religion Chrêtienne qui réconnoît la neceſſité d'un Ré-parateur de la Nature, d'un Legiſ-lateur qui éclaire l'eſprit , & qui fortifie le cœur, d'un Mediateur en-tre Dieu & les hommes, qui puiſſe offrir une victime,& établir un cul-te digne de Dieu & capable de ſatis-faire à ſa Juſtice.

Vous demeurez d'accord que Dieu veut que vous l'aimiez de tou-tes vos forces, c'eſt-à-dire que tout le mouvement d'amour qu'il met en vous, ſe termine vers lui,& que vous n'aimiez les créatures que pour lui,& non lui par rapport aux créatures. Mais, Ariſtarque, l'aimez-vous toûjours de cette maniere ? Ne trouvez-vous point de difficul-té dans l'exercice de cét amour ? ne ſentez-vous point de peine à ſuivre ce mouvement juſques au

F

bout, & ne prenez-vous pas plaiſir à vous répoſer quelquefois ? en un mot ne trouvez-vous pas ſouvent que les voies de la vertu ſont dures & penibles, & celles du vice douces & agreables ?

ARI. Je ne ſuis pas plus parfait que St. Paul. Je me plais quelquefois dans la loi de Dieu ſelon l'homme interieur , mais je ſens dans mon corps une autre loi qui combat contre la loi de mon eſprit. Je ſouffre dans l'exercice de la vertu: Je goûte du plaiſir dans la joüiſſance des biens ſenſibles malgré toute ma réſiſtance : Et je ſuis tellement eſclave de mon corps que je ne puis même m'appliquer ſans peine & ſans dégoût aux choſes abſtraites qui n'ont rien de ſenſible , & qui n'ont point de rapport au corps.

THE. Mais d'où vous vient cette peine que vous ſouffrez en faiſant bien , & ce plaiſir que vous goûtez en faiſant mal ? Vous n'êtes point la cauſe de vôtre plaiſir ni de vôtre douleur ; car ſi cela étoit , comme

vous-vous aimez , vous ne produi-
riez jamais de douleur,& vous joui-
riez toûjours de quelque plaifir.Ce
n'eft point auffi vôtre corps ni ceux
qui vous environnent ; car tous les
corps font au deffous de vous, & il
n'eft pas concevable qu'ils puiffent
agir en vous ni vous rendre heureux ou mal-heureux. Il n'y a que
Dieu qui puiffe agir dans l'ame.

Mais penfez-vous que Dieu vous
afflige lors que vous faites bien, &
qu'il vous donne quelque récom-
penfe lors que vous faites mal ?
Penfez-vous que Dieu, qui veut que
vous l'aimiez de toutes vos forces,
vous répouffe lors que vous courez
aprés lui ? Mais lors que vous ceffez
de le fuivre , & que vous-vous arrê-
tez à quelque bien particulier, penfez-vous que ce foit lui qui vous y
attache par le plaifir que vous y
trouvez ?

E R A S T E. Que craignez-vous
Ariftarque? n'eft-il pas évident qu'il
n'y a que Dieu qui puiffe agir en
nous ? Theodore ne vous l'a-t-il pas

démontré ? D'où vient que vous hésitez ? Voulez-vous déja abandonner des principes évidemment démontrez, à cause d'une objection que vous ne pouvez résoudre ? Voulez-vous préferer les tenebres à la lumiere ? Oüi c'est Dieu....

THE. Doucement, Eraste, j'estime la fermeté de vôtre esprit, mais je préfere ici la disposition où se trouve Aristarque. Il apprehende de manquer de respect pour Dieu, & qu'il n'y ait de la dureté dans la consequence où je le conduisois.

ERA. J'ai pensé à vôtre systême, Theodore, & j'expliquerai bien tout ceci sans rien dire de dur, ni de fâcheux. Ce que vous venez d'objeéter à Aristarque, prouve évidemment le peché originel, le désordre de la nature, l'inimitié qui est entre Dieu & les hommes, la nécessité d'un Mediateur, d'un Legislateur, d'un Réparateur ; en un mot il me semble que j'entrevois la verité de la Religion Chrêtienne dans ce principe.

A R I. Vous allez bien vîte, Erafte. Je vous prie, Theodore, de faire voir que la preuve du peché originel fe trouve, comme prétend Erafte, dans ce que vous venez de me dire.

T H E. Quoi, Ariftarque, vous ne le voyez pas ? Ne vous souvenez-vous point du fyftême que je vous expliquai il y a deux jours ? Mais il n'importe. Je vous demande donc n'eft-ce pas un défordre qu'un efprit qui n'eft fait que pour Dieu, fouffre lors qu'il aime Dieu ?

A R I. Mais c'eft Dieu qui le fait fouffrir, dites-vous.

T H E. Je le veux ; Mais n'eft-ce pas un défordre que Dieu qui n'a fait les efprits que pour lui, qui ne leur donne du mouvement que vers lui, les répouffe & les maltraite lors qu'il s'approchent de lui, & leur faffe fentir du plaifir lors qu'ils lui tournent le dos, & qu'ils s'arrêtent à des biens particuliers ?

A R I. Ce n'eft pas feulement un défordre, c'eft une contradiction.

Cela ne peut être. Dieu ne fe contredit pas, Dieu ne combat pas contre lui-même.

Th e. Mais, Ariftarque, n'eft-il pas certain que Dieu ne nous fait & ne nous conferve que pour lui? N'eft-il pas encore certain que c'eft Dieu feul qui agit dans l'ame, & qui lui fait fentir du plaifir ou de la douleur, lors qu'elle s'unit au corps, ou lors qu'elle s'en prive? N'eft-ce pas Dieu qui nous porte à l'aimer? N'eft-ce pas encore Dieu qui nous porte à aimer les corps, fi le plaifir que nous fentons à leur occafion, eft une raifon fuffifante à un efprit raifonnable pour les aimer?

Ar i. Il eft vrai. Mais comment...

Th e. Je vous ai déja expliqué ce comment. Mais cependant ce défordre que vous trouvez, ou ce combat de Dieu contre lui-même, (permettez - moi ces expreffions pour un temps) ce manque d'uniformité que nous nous imaginons dans les actions de Dieu, peut-il

venir de Dieu ? Dieu a fait l'homme pour lui il ne le conferve même que pour lui. Mais quand l'homme quitte le corps pour s'unir à
Dieu par la force de la meditation,
quand un homme court dans les
voies de la vertu pour s'approcher
de Dieu , il souffre de la douleur,
& cette douleur ne vient que de
Dieu ? Cela ne marque-t-il pas que
Dieu eft irrité contre nous , & que
nous l'avons offensé ? Si Dieu veut
que nous courions aprés lui & que
nous le fuivions , peut-il nous ré-
pouffer de lui , peut - il nous faire
fouffrir de la peine lors qu'en effet
nous le fuivons , fi en même-temps
il n'y a quelque inimitié entre nous
& lui ? Pourquoi nous répouffe-t-il
lors que nous le fuivós, fi ce n'eft que
nous fommes indignes de nous approcher de lui ? & comment en
fommes - nous indignes puis que
nous fommes faits pour cela, fi ce
n'eft que nous ne fommes plus
tels que Dieu nous a faits , & que
nôtre nature eft corrompuë ?

F iiij

Dieu aime tous ſes ouvrages , &
il les aime parfaitement. Mais quoi-
que Dieu nous aime , puis que c'eſt
ſon amour qui nous conſerve, il ne
nous aime pas parfaitement , il y a
quelque inimitié entre lui & nous.
Il y a donc dans nous quelque choſe que Dieu n'y a pas mis.

A R I. Je ne ſçai , Theodore ſi
l'inimitié que vous croyez être entre Dieu & les hommes , eſt bien
démontrée. Vous dites que Dieu
nous répouſſe lors que nous nous
approchons de lui , à cauſe qu'il
nous fait ſouffrir de la douleur dans
l'exercice de la vertu , & dans la
récherche de la verité.

Mais j'ai deux choſes à vous repréſenter ; la premiere , que s'il
ſemble que Dieu nous mal-traite
& nous répouſſe par des ſentimens
pénibles , il nous conſole dans le
plus ſecret de nôtre raiſon ; car
nous ſentons une joie interieure
dans l'exercice de la vertu, qui nous
fait bien connoître que Dieu eſt
nôtre bien ; & ſi Dieu ne vouloir

pas que nous l'aimaſſions , il ne nous récompenſeroit pas de cette douceur interieure ; il ne nous feroit point auſſi ces ſanglans reproches qui nous inquiétent dans la joüiſſance des biens ſenſibles.

La ſeconde choſe que j'ai à vous dire c'eſt que Dieu ne nous répouſſe pas de lui lors que nous courons aprés lui ; il nous avertit ſeulement par les douleurs ſenſibles que nous cherchions ailleurs que dans lui le bien du corps. Comme la meditation n'eſt pas utile à la ſanté, nous devons ſentir quelque peine dans cét exercice, aſin que nous le quittions ; mais tous les plaiſirs & toutes les douleurs ſenſibles n'avertiſſent que pour le corps , & vous ne devez pas penſer que Dieu veüille que nous aimions & que nous haïſſions aucune choſe, à cauſe des plaiſirs & des douleurs qu'il nous fait ſentir dans leur uſage. Dieu veut qu'on les récherche ou qu'on les évite pour la conſervation du corps, comme vous diſiez il y a deux jours.

Mais Dieu ne veut pas qu'on les aime ou qu'on les craigne.

TH E. Tout ce que vous dites,
Ariſtarque, eſt vrai, mais cela ne
renverſe pas ce que je viens d'établir. J'avoüe que Dieu nous conſole d'une joie interieure lors que
nous l'aimons, & qu'il nous dé-
ſole par de fâcheux remords lors
que nous aimons les biens du corps.
Mais qu'eſt-ce que cela prouve? que
Dieu veut que nous l'aimions &
qu'il nous a faits pour lui. Cela eſt
une marque certaine que l'inimitié qui eſt entre Dieu & les hommes
n'eſt pas entiere; mais ce n'eſt point
une marque certaine d'une parfaite
amitié.

Les pecheurs ont offenſé Dieu,
il y a inimitié entr'eux & Dieu,
vous n'en doutez pas; & cependant
Dieu les rappelle à lui par les reproches qu'il leur fait: mais ce rappel
ne marque pas qu'il les aime parfaitement, il marque ſeulement
que l'inimitié n'eſt pas entiere, car
elle ne le peut être ſans les détruire.

Et ne vous imaginez pas que ce rappel seul, tel qu'il êtoit dans les Payens, les pût faire révenir, qu'il les pût réconcilier, qu'il les pût réjoindre à leur principe. Ce rappel n'étoit que pour justifier la conduite de Dieu, & pour condamner celle des pecheurs. Car apparemment. il se trouve même dans les damnez qui seront éternelement rappellez, & éternelement répoussez, & même étant condamnez, ce rappel est une condamnation de leur malice.

Il n'y a que ceux qui sont rappelez en Jesus-Christ, qui réviennent : car il n'y a que sa grace qui puisse rendre ce rappel efficace. Sans la grace de Jesus-Christ l'attrait sensible à plus de force que ce rappel interieur. Dieu nous répousse davantage qu'il ne nous attire, & s'il nous veut à cause qu'il nous a faits, il ne nous veut pas tels que nous nous sommes faits ; au contraire comme tels il ne nous peut souffrir proche de lui, & il nous en éloigne sans cesse.

Cependant , Aristarque, il est vrai que Dieu est trop juste, & qu'il s'aime trop pour ne vouloir pas qu'on l'aime,& pour éloigner positivement de lui des créatures qu'il n'a faites que pour lui ; car ce n'est qu'indirectement & par nôtre faute que les plaisirs & les douleurs sensibles nous éloignent de Dieu. 1.Parce que pouvant réconnoître par la raison que les corps sont incapables de causer en nous ni plaisir ni douleur , nous ne devons ni les craindre ni les aimer , mais seulement Dieu qui peut causer en nous ces sentimens.

Lors qu'on nous blesse , nous devons craindre Dieu ; lors qu'on flatte nos sens, nous devons penser à Dieu, nous devons craindre & aimer Dieu en toutes choses : car c'est une notion commune qu'il faut aimer & craindre la veritable cause du plaisir & de la douleur. Mais l'ignorance de la présence actuele & de l'operation continuele de cette veritable cauſe de nos ſentimens nous fait aimer & craindre les corps que nous imaginons capables d'agir en nous.

Or cette ignorance n'eſt point quelque choſe de poſitif que Dieu mette en nous : ce n'eſt rien. Il eſt vrai que pour ne pas aimer & ne pas craindre les corps , il eſt abſolument neceſſaire que nous ayons une connoiſſance tres-claire & tres-vive de la préſence & de l'operation continuele de Dieu ſur nous ; car la préſence de Dieu dans laquelle la Philoſophie nous met , n'eſt pas aſſez forte pour nous tenir inceſſamment attachez à lui.

Mais que peut-on conclure de ce que Dieu ne ſe fait pas aſſez connoître ſans la grace, pour être craint & aimé en toutes choſes , ſi ce n'eſt que les hommes l'ont offenſé & lui déplaiſent.

Dieu ne nous éloigne donc pas poſitivement de lui, lors qu'il cauſe en nous du plaiſir & de la douleur à l'occaſion des corps, puis qu'alors

nous pouvons & nous devons penſer à lui plûtôt qu'aux corps.

2. Comme nous avons un corps,
il eſt neceſſaire que nous ſoyons
avertis de ce qui s'y paſſe. Il faut
qu'à la préſence des objets nous
ayons des ſentimens qui nous portent à nous y unir , ou à nous en
ſéparer. Il faut que ces ſentimens
ſoient prévenans par les raiſons que
j'ai dites ailleurs.

Ainſi Dieu ne nous éloigne point
poſitivement de lui lors qu'il cauſe
en nous nos ſentimens , puis que
c'eſt au contraire le moyen le plus
court de nous avertir des choſes
utiles à la conſervation de la vie
ſans nous détourner de lui.

Mais il ne faut pas que ces ſentimens prévenans nous inquiétent ;
il ne faut pas qu'ils réſiſtent à la
raiſon , & puis qu'ils lui réſiſtent,
c'eſt comme j'ai dit ailleurs , que
l'homme eſt indigne que Dieu in-
terrompe la loi de la communication des mouvemens pour lui:mais
ce n'eſt pas que Dieu nous éloigne

veritablement de lui.

Enfin les hommes voient toutes choſes en Dieu ; leur objet immediat eſt le monde intelligible, c'eſt la propre ſubſtance de Dieu ; mais parce qu'ils ne penſent pas à Dieu à la vûë des objets ſenſibles, ils jugent qu'il y a quelque choſe hors d'eux qui agit en eux, & qui reſſemble entierement à l'idée qu'ils en ont : Ainſi Dieu ne les porte que vers lui, puis qu'il ne les porte qu'à ce qu'ils voient, & non aux choſes qu'ils jugent être hors d'eux, & ce n'eſt qu'indirectement & par erreur qu'ils aiment des créatures qui ne ſont point telles, ni ſi aimables qu'ils ſe l'imaginent.

ERA. Vous croyez avec raiſon, Theodore, que la premiere cauſe de nos déſordres eſt que nous ne ſommes pas en la préſence de Dieu & que nous ne voyons, ou plûtôt que nous ne ſentons pas Dieu en toutes choſes. Car ſi nous voyions d'une vûë claire & ſenſible qu'il n'y a que Dieu qui agiſſe veritablement en nous à la préſence des corps , il me ſemble que nous ne craindrions, & que nous n'aimerions que lui ; puis que nous n'aimons & ne craignons que ce qui agit en nous.

Cela étant, comment le premier homme a-t-il pû s'éloigner de Dieu? car il voyoit Dieu en toutes choſes, puis que la préſence de Dieu eſt neceſſaire pour demeurer uni à Dieu, & qu'il avoit pour cela toutes les connoiſſances neceſſaires pour lui demeurer uni. Si vous n'expliquez comment le premier homme a pû pecher, Ariſtarque pourra bien croire que le premier homme aura été fait tel que nous ſommes,& que la concupiſcence n'eſt point tant une peine du peché que la premiere inſtitution de la nature.

Th e. Non non, Eraſte, Ariſtarque ne le croira pas, il ſçait à préſent qu'il ne faut pas quitter une verité démontrée à cauſe de certaines difficultez qu'on ne peut réſoudre, il s'arrête à ce qu'il voit. Mais je comprens ce que vous me voulez dire. Je vous répons.

Le premier homme voyoit clairement Dieu en toutes choses ; il sçavoit avec évidence que les corps ne pouvoient être son bien , ni le rendre par eux-mêmes heureux ou mal-heureux en aucune maniere ; il étoit convaincu de l'opération continuele de Dieu sur lui ; mais sa conviction n'étoit pas sensible, il le connoissoit sans le sentir : au contraire il sentoit que les corps agissoient sur lui quoiqu'il ne le connût pas. Il est vrai qu'étant raisonnable, il devoit suivre sa lumiere & non pas son sentiment,& qu'il pouvoit facilement suivre sa lumiere contre son sentiment,sa connoissance claire contre sa sensation confuse ; parce qu'il arrêtoit sans peine ses sentimens lors qu'il le vouloit, à cause pu'il étoit sans concupiscence,& que ses sens ne lui imposoient pas s'il n'y consentoit. Cependant s'arrêtant trop à ses sens, se laissant aller peu à peu à les écouter plus volontiers que Dieu même , à cause

que les sens parlent toûjours agréa-
blement, & que Dieu ne le portoit
pas à l'écouter par des plaisirs prévenans qui auroient diminué sa liberté & le merite de son choix ;
vous concevez bien comment il a
pû s'éloigner de Dieu jusqu'à le
perdre de vûë pour s'unir de volonté à une créature à l'occasion de
laquelle il récevoit quelque satisfaction, & qu'il pouvoit croire con-
fusement être capable de le rendre
aussi heureux que le serpent en avoit
assuré la femme. Car encore qu'A-
dam n'ait point été comme Eve at-
taqué ni seduit par le Serpent, *Et
Adam non est seductus*, cependant
ce reproche que Dieu lui fait par
raillerie, *Ecce Adam quasi unus ex
nobis factus est sciens bonum & ma-
lum*, marque assez qu'il avoit eu
quelque esperance de devenir heureux par l'usage du fruit défendu.
Or il n'est pas necessaire pour nous
déterminer à agir que nous soyons
entierement persuadez que nôtre
motif est juste & raisonnable. *Si*

petite & si peu raisonnable que soit
l'esperance d'un grand bien, elle est
capable de nous porter à bien de
choses. Ainsi on peut supposer
dans Adam une si forte application
à l'objet sensible, & par consequent
un si grand éloignement de la présence de Dieu que la moindre esperance, le doute le plus leger, le
sentiment le plus confus d'un aussi
grand bien que celui d'être sembla-
ble à Dieu a été capable de le porter
à une action qu'il ne pensoit peut-
être pas fort criminele dans le moment de sa chûte.

Il est necessaire, Eraste, que tout
esprit fini soit sujet à l'erreur & au
peché, principalement s'il goûte
des plaisirs prévenans qui le portent à la récherche & à la fuite des
choses qu'il ne doit ni aimer ni
craindre. Car tout esprit fini ne peut
actüelement goûter de plaisir, que
cela ne partage actuelement la capacité qu'il a de penser, que cela
n'affoiblisse sa lumiere, que cela ne
diminüe la connoissance de son de-

voir, que cela ne l'éloigne de la présence de Dieu, que cela enfin n'affoiblisse peu à peu son amour & sa crainte, de telle maniere que le plaisir actuel devient une raison ou un motif suffisant pour aimer ce qui n'est point aimable.

Adam devoit demeurer immobile en la présence de Dieu, & ne point laisser partager la capacité de son esprit par tous ces plaisirs qui lui étoient parfaitement soûmis, & qui l'avertissoient seulement de ce qu'il devoit faire pour la conservation de sa vie ; il le devoit, & il le pouvoit. Et s'il eût fait bon usage de son libre-arbitre pendant le temps préscrit pour la récompense, il auroit été confirmé dans sa justice non seulemét par une connoissance tres-claire de la présence & de l'operation continuele de Dieu sur lui, mais par une connoissance sensible qui attache à Dieu invinciblement & necessairement tout esprit qui veut être heureux. Car les Saints voient non seulement d'une vûë

abstraite que Dieu seul est capable
d'agir en eux & de les rendre heureux ; mais ils le sentent encore par
une douceur inexplicable que Dieu
répand en eux, qui les pénetre & qui
les unit de telle maniere avec lui,
qu'ils ne peuvent s'en détourner
pour aimer autre chose que lui.

Je parle de ces choses selon la
connoissance présente de l'esprit
humain ; & je ne prétends pas toûjours assurer la verité ou l'existence
des choses , lors que je répons à
ce qu'on peut m'opposer , je prétends seulement prouver leur possi-
bilité.

A R I. Cela suffit, Theodore, mais
comment expliqueriez - vous la
transmission du peché originel , &
le déreglement general de la nature
de l'homme ? car ce sont nos ames
qui sont dans le peché & dans le désordre. Comment se peut-il faire
que sortant des mains de Dieu, elles
se corrompent d'abord qu'elles sont
unies au corps ?

T H E. Nôtre ame est faite pour

aimer Dieu. Elle eſt dans l'ordre lors qu'elle l'aime, c'eſt-à-dire lors que le mouvement que Dieu lui imprime, la porte vers lui, dans le ſens que je vous l'expliquai hier. Elle eſt au contraire dans le déſordre, lors qu'ayant du mouvement pour aller juſqu'à Dieu elle s'arrête à quelque bien particulier & qu'elle empêche ainſi l'action de Dieu en elle. Je ne croi pas que l'on conçoive qu'elle puiſſe être reglée ou déreglée d'une autre maniere, ſi donc je fais voir, qu'à cauſe de l'union que les enfans ont avec leur mere, l'ame des enfans eſt neceſſairement tournée vers les corps, qu'elle n'aime que les corps, & que tout ſon mouvement ſe borne à quelque choſe de ſenſible dés l'inſtant qu'elle eſt formée ; J'aurai montré la cauſe du déſordre general de la Nature & comment nous naiſſons tous dans le peché.

Je le prouve. Il n'y a point de femme qui n'ait dans le cerveau quelque trace qui lui répreſente quelque chofe de fenfible, foit parce qu'elle voit actuelement quelque corps ou qu'elle s'en nourrit, foit parce qu'elle s'en eft nourrie. Vous n'en doutez pas, car enfin il faut au moins manger pour vivre ; & l'on ne mange point fans que le cerveau n'en reçoive quelque impreffion, puis qu'on s'en fouvient. Il n'arrive point auffi dans le cerveau d'impreffion qu'il ne fe faffe quelque émotion dans les efprits, laquelle incline l'ame à l'amour de la chofe qui eft préfente à l'efprit dans le temps de cette impreffion, c'eft-à-dire à l'amour de quelque corps ; car il n'y a que les corps qui agiffent fur le cerveau. En un mot il n'y a point de femme qui n'ait dans le cerveau quelque trace & quelque mouvement d'efprits qui la faffe penfer & qui la porte à quelque chofe de fenfible. Or quand l'enfant eft dans le fein de fa mere, il a les mêmes traces & les mêmes émotions d'efprits que fa mere ; donc dans cét état il Voyez le ch. 7. du 2. Livre de la Récherche de la verité.

connoît & aime les corps.

L'experience, que l'on a des enfans qui craignent & qui ont horreur de certaines choses dont leurs meres ont été épouvantées dans le temps de leur grossesse, marque assez qu'ils ont eu les mêmes traces & les mêmes émotions d'esprits, & par consequent les mêmes idées & les mêmes passions que leurs meres; puis qu'ils n'ont quelquefois jamais vû depuis qu'ils sont venus au monde ces choses dons ils ont horreur. Et ces experiences marquent même que les traces & les émotions sont plus grandes , & par consequent les idées & les passions plus vives dans les enfans que dans leurs meres , puis qu'ils en demeurent blessez , & que souvent leurs meres ne s'en souviennent plus.

Je voi bien, Eraste, que vous êtes surpris de ce que je dis que les enfans voient, imaginent & desirent les mêmes choses que leurs meres.

E R A. Cela me surprend, je vous l'avoüe , mais cela me paroît démontré.

montré. Cependant, comme il y a
des femmes faintes & remplies d'a-
mour de Dieu , comment leurs enfans font-ils pecheurs ?

T H E. C'eft que l'amour de Dieu
ne fe communique pas comme l'a-
mour des corps ; dont la raifon eft
que Dieu n'eft pas fenfible , & qu'il
n'y a point de trace dans le cerveau qui par fa nature repréfente
Dieu.

Une femme peut bien fe repre-
fenter Dieu fous la forme d'un ve-
nerable vieillard ; ainfi lors qu'elle
penfera à Dieu , fon enfant penfera
à un vieillard , lors qu'elle aimera
Dieu , fon enfant aura de l'amour
pour les vieillards ; mais cét amour
des vieillards ne juftifie pas. Toutes les traces des femmes fe communiquent aux enfans , mais les
idées qui font jointes à ces traces
par la volonté des hommes ou par
l'identité du temps, & non par la
nature, ne fe communiquent pas; car
les enfans ne font pas dans le fein

G

de leurs meres auſſi ſçavans ni auſſi ſaints qu'eiles.

E R A. Mais, Theodore, les en-fans ne ſont pas libres ; ils aiment les corps, mais ils ne peuvent s'em-pêcher de les aimer. Comment ſont-ils pecheurs ? comment ſont-ils dans le deſordre ?

T H E. Leur peché n'eſt pas de leur choix, il n'eſt pas libre, & cependant ils ſont dans le deſordre. Car tout eſprit détourné de Dieu, & tourné vers les corps n'eſt pas dans l'ordre de Dieu, s'il eſt certain que Dieu veut être aimé plus que les corps.

La concupiſcence n'eſt point pe-ché dans les gens de bien, parce qu'il ſe trouve dans eux un amour de choix qui y eſt contraire ; elle ne regne pas en eux, mais la con-cupiſcence regne dans les enfans. Leur amour naturel eſt mauvais, & ils n'ont que cét amour. Quand il y a dans un cœur deux amours, Dieu a égard à l'amour libre ; & l'on n'eſt point dans le deſordre

lors que dans le sommeil l'ame suit
les mouvemens de la concupiscence, parce que l'amour de choix qui
a precedé laisse dans l'ame une disposition qui la porte & qui la tourne vers Dieu. Mais dans un enfant
qui n'a jamais été tourné vers Dieu,
il n'y a rien de bon que sa nature,
il n'y a rien de bon que ce que Dieu
y a mis par le decret de sa premiere
volonté. Il est fils de colere, il sera
necessairement damné, car il n'est
pas concevable que Dieu récompense jamais la disposition de son
cœur, si l'on ne veut concevoir que
Dieu récompense le desordre.

E R A. Mais, Theodore, n'est-ce
pas Dieu qui met dans l'enfant ce
que vous appellez desordre? C'est
par le decret de sa volonté qu'à certains mouvemens du cerveau il y a
dans l'ame certaines pensée. C'est
Dieu qui a établi la communication qui est entre le cerveau de la
mere & celui de l'enfant.

T H E. Cela est vrai, Eraste, mais
cela n'est point mauvais : il falloit

que les traces du cerveau & les mouvemens des esprits fussent accompagnez des pensées & des émotions de l'ame pour les raisons que je vous ai dites, dont la principale est que les corps ne meritent pas l'application d'un esprit qui n'est fait que pour Dieu. Il falloit qu'Adam fût averti par des sentimens prévenans, par des preuves courtes & incontestables que telles & telles choses étoient bonnes pour son corps. Il falloit aussi que les traces du cerveau de la mere se communiquassent au cerveau de l'enfant pour l'entiere conformation de son corps. Ces choses sont tres-sagement établies ; le desordre ne se trouve que dans la concupiscence.

Il est bon qu'il résulte dans l'ame certaines pensées lors qu'il se forme dans le cerveau certaines traces, mais il est mauvais que ces traces nous sollicitent à l'amour des choses sensibles, que ces traces ne s'effacent pas lors que nous le voulons, que nôtre corps ne nous soit pas soûmis ; & c'est ce que le peché du premier homme a causé: car il s'est rendu indigne par son peché que Dieu suspendît la communication des mouvemens en sa faveur. Ainsi ne pouvant empêcher que l'impression des corps qui agissent sur nous, ne se communique jusqu'à la partie principale du cerveau qui est le siege de l'ame, nous avons necessairement les sentimens & les mouvemens de la concupiscence, sans que Dieu fasse en nous autre chose que de nous priver de la puissance d'empêcher les communications naturelles des mouvemens, c'est-à-dire sans que Dieu fasse rien en nous ; car la concupiscence précisément comme telle n'est rien : Ce n'est en nous qu'un défaut de puissance sur nôtre corps, lequel défaut ne vient que du peché, car il seroit juste sans cela que nôtre corps nous fût soûmis.

E R A. Je voi bien, Theodore, que l'union de nôtre esprit avec nôtre corps vient de Dieu, & que la dépendance où nous sommes du corps, vient du peché. Cela est clair ; mais vous, Aristarque, êtes-vous persuadé des sentimens & des preuves de Theodore.

A r i. Je n'ose m'y rendre, car j'apprehende de me tromper.

E r a. C'est peut-être que Theodore parle de la transmission du peché originel comme d'une chose facile à expliquer, & que vous l'avez crûë jusqu'a present inexplicable. Cela vous a préoccupé, ou peut-être c'est que les prétendus esprits forts se sont si souvent raillez de la simplicité des autres hommes qui croient ce que l'Eglise leur enseigne, que votre imagination en a été autrefois un peu blessée. Pour moi je me souviens qu'il y a quelque temps je fus comme étourdi par le contre-coup de l'épouvante qui paroissoit sur le visage d'un de ces faux sçavans à la vûë d'une difficulté imaginaire. Mais comme Theodore me dit sans cesse que je ne me laisse jamais persuader par l'air & par l'impreſſion ſenſible, je rentrai dans moi même, & je ne pûs m'empêcher de rire de ma peur.

A R I. Penſez-vous Eraſte, que je ſois aſſez ſot pour me laiſſer étourdir ?

E R A. Non , Ariſtarque , vous êtes trop ſage ; mais vous ne l'êtes pas aſſez pour ne point récevoir quelqu'atteinte par la maniere hardie , & par l'air dominant de tant de gens qui vous viennent voir. Il eſt impoſſible d'être toûjours ſur ſes gardes , & de comparer inceſſamment les paroles des hommes avec les réponſes de la verité interieure ; & vous me permettrez bien de vous dire que je remarquai même, il n'y a que deux jours , ſur vôtre viſage que vous êtes un homme né peur la ſocieté , que vous avez bien de la complaiſance , & que vous entrez tres-facilement dans le ſentiment des autres. Cependant l'affaire étoit de conſequence.

A R I. Je m'en ſouviens, il eſt

vrai, j'étois émû, cét homme me parloit d'une maniere tres-forte & tres-vive, mais j'en suis révenu.

T H E. C'eſt peut-être que cette affaire vous touchoit de prés, & qu'il ne s'agiſſoit pas d'une quéſtion de Philoſophie ou d'une explication de quelque choſe de Religion qui n'a rien de ſenſible.

A R I. Il eſt vrai, mais de bonne foi je ne croi plus les hommes à leur parole.

T H E. Non, vous ne les croyez plus à leur parole, car la parole étant arbitraire, elle ne perſuade ſeule & par elle-même qu'autant qu'elle éclaire l'eſprit : mais l'air perſuade naturelement & par impreſſion : il perſuade ſans que l'on y penſe, & ſans que l'on ſçache même de quoi l'on eſt perſuadé ; car il ne fait par lui-même qu'agiter & que troubler. Je vous le dis, Ariſtarque, vous croyez confuſément plus d'un million de choſes que vous ne connoiſſez point, & que le commerce que vous avez avec le monde, a entaffé dans vôtre memoire. Mais ne vous fachez pas, il n'y a point d'homme qui n'ait un tres-grand nombre de ces croyances confufes, car il n'y a point d'homme qui ne foit fenfible. Il n'y a point d'homme fait pour la focieté qui ne tienne aux autres hommes, & qui ne réçoive dans fon cerveau les mêmes traces que ceux qui lui parlent avec quelqu'émotion ; & ces traces font accompagnées des jugemens confus dont je parle.

Ne penfez pas qu'il n'y ait que les enfans qui voient & qui defirent ce que voit & defire leur mere, comme je viens de vous dire en vous expliquant la propagation du peché originel. Tous les hommes vivent d'opinion, ils voient & defirent ordinairement les chofes, comme ceux avec qui ils converfent, à proportion du befoin qu'ils ont de leur fécours. Les enfans font fi fort unis avec leurs meres, qu'ils ne voient que ce qu'elle voit; car ils ne peuvent vivre fans elle. Mais les

G v

hommes ſont capables de voir &
de penſer d'eux-mêmes, ils ne ſont
pas ſi étroitement unis aux autres
hommes. Comme ils peuvent vivre
ſeuls, ils peuvent penſer ſeuls : mais
comme ils ne peuvent vivre commodément qu'en ſocieté, ils ne
penſent commodément & ſans peine q e lors qu'ils ſe laiſſent aller à
l'air & à la maniere de ceux qui
leur parlent.

N'eſt-il pas vrai, Ariſtarque,
qu'il y a quelques perſonnes qui
vous ont préocupé contre ce que je
viens de vous dire du peché originel, non comme Eraſte le penſe, en
ſe raillant de ces choſes, car vous
êtes trop bien converti pour déferer
encore à de ſottes railleries de faux
ſçavans & de prétendus eſprits
forts, mais plûtôt en vous inſpi-
rant gravement & pieuſement une
ſecrete averſion pour des ſentimens
qui paroiſſent nouveaux, & qui ſont
trop clairs pour des gens qui ne
ſont point accoûtumez à voir la
lumiere.

Je le sçai, Aristarque, & je réconnois bien qu'il n'y a que le trouble
qu'ils ont causé dans vôtre esprit
par l'obscurité de leurs termes &
par l'air décisif & scientifique de
leur qualité, qui vous empêche de
consentir à ce que je viens de vous
dire. Mais que cela ne vous inquiéte pas , il y en a beaucoup d'autres
qui ont les mêmes marques exte-
rieures de pieté & de doctrine , qui
approuvent ce que vos amis condamnent. Si je croyois qu'il fût plus
à propos de convaincre par autorité que par raison, je vous les ferois
voir ; mais vous devez - vous instruire de preuves qui soient réce-
vables pour la personne que vous
prétendez convertir. Les plus gens
de bien ne sont pas infaillibles, tous
ceux même qui le paroissent, ne le
sont pas. Mais quoiqu'il en soit ,
il vaut mieux être sensible à la lumiere qu'à l'air le plus pieux & le
plus saint ; parceque Dieu éclaire
toûjours, & que souvent l'air nous
impose & nous séduit.

A R I. Il eſt vrai, Theodore, mais j'apprende que vôtre ſentiment ne ſoit pas conforme à celui des SS. Peres.

T H E. Mais quel ſujet avez-vous de l'apprehender ? avez-vous lû quelque choſe dans les Saints Docteurs qui y ſoit contraire ? On vous l'a dit gravement, & vous l'avez crû avec ſimplicité.

Saint Auguſtin qui a mieux connu que les autres la corruption de la Nature, n'a-t-il pas expliqué la propagation du peché originel par l'exemple des maladies hereditaires, par l'exemple des parens gouteux qui engendrent des enfans ſujets à la goute, & des arbres malades qui produiſent une graine corrompuë dont il ne vient que de méchans arbres ? Car il ſçavoit que le peché originel ne peut ſe communiquer que par le corps, à cauſe que ſon principe eſt dans le corps, & qu'il habite en un ſens dans le corps, pour parler comme S. Paul.

Pour les autres Peres qui ont

Liv. 5. contre Jul. ch. 14. & 24 & Liv. 6. ch. 18.

précedé S. Augustin , ils ne sont
point entrez dans une discussion
particuliere des manieres par lesquelles ont pouvoit expliquer la
transmission de ce peché. Leur siecle
n'étoit pas si incredule & si malin
que le nôtre, & il n'étoit pas necessaire que l'on donnât des explications vrai-semblables de nos mysteres pour les faire croire à ceux
qui se disoient Chrêtiens.

Non, Aristarque, les Peres ne sont
point , que je sçache, contraires à ce
que je viens de vous dire ; mais je
m'étonne que vous qui parliez autrefois si cavalierement de l'autorité de l'Eglise , soyez présentement
si respectueux pour les Peres , que
vous apprehendiez sans sujet de
vous éloigner de leur sentiment en
récevant des explications dans lesquelles l'on n'est pas toûjours obligé de les suivre , pourvû que l'on
tienne avec eux le dogme & la foi
de l'Eglise.

Vous êtes trop crédule , & vos
apprehensions ne sont pas justes ;

vous ne meditez pas aſſez , vous
reſſemblez à un enfant qui marche
la nuit ſans lumiere, qui apprehende tout parce qu'il ne voit rien.

Lors que vous étiez dans le li-
bertinage , l'air des libertins vous
perſuadoit ; & voici que vous, vous
laiſſez convaincre par l'air de pieté
& de gravité de certaines gens qui
n'ont pas toûjours autant de lumiere & de charité, que de ſentiment &
de faux zele. Vous êtes moins en
danger de vous tromper, mais vous
n'êtes pas dans la voie de la verité.
Vous devez croire ce qui doit être
crû , mais vous devez voir ce qui
peut & par conſequent ce qui doit
être vû. J'eſpere que ſi vous faites
bien réflexion ſur les choſes que je
vous ai dites ſans vous mettre en
peine de ce que vos amis en penſent,
vôtre trouble ſe diſſipera , & que
vous ne vous laiſſerez plus effarou-
cher par des gens qui dominent in-
juſtement ſur les eſprits, au lieu de
les aſſujetir à la verité par la lumiere & l'évidence.

Je vous laiſſe avec Eraſte pour conferer enſemble ſur les choſes que je vous ai dites. Meditez aveclui, & tâchez ou de vous convaincre ou de me propoſer au premier jour, mais d'une maniere claire & évidéte, les raiſons qui vous en empêchent.

ENTRETIEN V.

De la Réparation de la Nature par JESUS-CHRIST.

ARISTARQUE. Nous avons, Theodore, fait bien de réflexions Eraſte & moi ſur le peché originel & ſur la contagion qui ſe répand dans les eſprits, & nous avons même réconnu que le peché originel ſe tranſmet en quelque maniere dans les enfans, comme les ſentimens & les paſſions des hommes paſſionez ſe communiquent à ceux qui ſont en leur préſence. Car de même qu'un homme imprime par l'air de ſon viſage dans le cer-

veau de ceux qui en font frappez
les mêmes traces, & excite les mêmes émotions d'esprits dont il est
agité, à caufe de l'union qui est entre les hommes pour le bien de la
focieté ; ainfi l'union de la mere
avec l'enfant étant fort étroite, les
befoins de l'enfant tres-grands , fa
dépendance abfoluë, il est neceffaire que l'imagination de l'enfant
foit falie de toutes les traces & de
toutes les émotions d'efprits qui
portent la mere aux chofes fenfibles.

Voyez le Ch. 7. du 2. Li-vre de la Récher-che de la Verité.

T H E O D O R E. Ainfi, Ariftarque, ceux qui font dans le grand
monde, qui tiennent à trop de chofes , qui ne rentrent jamais dans
eux-mêmes, qui proftitüent à tous
venans, non leur corps, mais leur
efprit , qui fe laiffent convaincre,
émouvoir , étourdir par tous ceux
qui ont quelque force d'imagination , & dont l'air étant vif est neceffairement contagieux, ces hon-
nêtes gens du monde, nés pour la
focieté , qui entrent fi facilement

dans le sentiment de l'amitié : Enfin, Aristarque, ces personnes qui
sont telles que vous avez été jusqu'à
présent, car vous êtes l'homme le
plus honnête & le plus complaisant
que je connoisse, ces personnes
dis-je qui vous ressemblent ont un
double peché originel, celui qu'ils
ont reçû de leur mere lors qu'ils
étoient dans leur sein, & celui
qu'ils ont reçû par le commerce du
monde.

Que vous êtes heureux, Aristarque, de pouvoir résister à l'impression de ces deux pechez, & que vous
êtes rédevable à la verité interieure
qui vous rappelle assez fort pour se
faire entédre à vous malgré le bruit
confus de vos sens & de vos passions. Vous rentrez quelquefois dans
vous-même comme si vôtre imagination n'étoit point corrompuë, &
comme si la concupiscence du peché originel n'avoit point été fortifiée, n'avoit point été augmentée par une concupiscence de trente

années. Vous êtes si differét aujour-
d'hui de ce que vous étiez hier, que
je croi que vous ne trouverez plus
de difficulté côsiderable dans la suite de nos entretiens. Car tout ce qui
vous empêchoit de comprédre mes
sentimens venoit du trouble que le
commerce du monde y avoit jetté
deforte qu'étant delivré de ce trouble & dans le dessein de rentrer incessamment dans vous-même, vous
entendrez les mêmes décisions de
la même verité qui préside à tous
les esprits.

A r i. Oüi, Theodore. Je re-
nonce à toutes les impressions
qui me préocupent. Je voi bien
que toute union à quelque chose de sensible éloigne de la verité :
que celle que j'ai euë dans le sein
de ma mere m'a rendu pecheur :
que celle que j'ai euë avec mes parens ne m'a donné qu'une experience du monde, utile pour m'y
unir & pour m'y rendre considerable, mais entierement inutile à la
récherche de la verité : que celle

enfin que j'ai euë avec mes amis &
les autres hommes m'a rempli d'un
tres - grand nombre de préjugez
tres -dangereux , que vous sçavez
mieux que moi. J'ai vêcu par opinion , je veux vivre par raison. Je
ne veux croire que ce que la foi &
la charité m'obligent de croire ;
pour toutes les autres choses je veux
consulter la verité interieure, & ne
croire que ce qu'elle me répondra.
Je me défie de tous les hommes, &
de vous-même , Theodore , parlez
tant que vous voudrez , je ne vous
croirai point pour cela si la verité
ne parle comme vous. Vôtre maniere est capable d'imposer, car elle
est sensible : vôtre air est celui d'un
homme persuadé de ce qu'il dit, &
cét air persuade : vous êtes à craindre comme les autres. Je vous hon-
nore , & je vous aime , mais j'hon-
nore & j'aime la verité plus que
vous ; & je vous aime d'autant plus
que je vous trouve plus uni que
beaucoup d'autres à la verité que
j'aime.

TH E. Vous voilà, Ariftarque,
dans la meilleure difpofition d'un
veritable Philofophe & d'un veritable ami ; car il n'y a que la verité qui éclaire les vrais Philofophes & qui uniffe les vrais amis.
N'écoutez & n'aimez en moi que
la verité, j'y confens ; je vous parle,
mais je ne vous éclaire pas, je ne
fuis pas vôtre lumiere & je ne fuis
pas vôtre bien, ne me croyez donc
pas, ne m'aimez donc pas. Si l'air
de mon vifage, fi la maniere de
mes expreffions fait effort fur vôtre
imagination, fçachez que ce n'eft
point dans le deffein de vous impo-
fer. Je n'ai point de deffein, je parle
naturelement, & fi j'ai quelque deffein c'eft celui de réveiller vôtre attention par quelque chofe qui vous
pénetre.

A R I. J'en fuis perfuadé, Theodore, & comme vous feriez fâché
de me tromper, vous ne trouvez
point mauvais que je me défie de
vous, & que je ne vous croie pas
fur vôtre parole. Mais continuez

s'il vous plaît. Je suis interieurement convaincu des choses que vous me prouvâtes hier , & même de la maniere dont vous expliçâtes la transmission du peché originel.

T h e. Je vous dis hier certaines choses qui ne sont pas absolument necessaires pour la suite. Il n'est point necessaire que vous soyez persuadé de la maniere dont le premier homme a pû tomber , ni de celle dont son peché a pû se transmettre à ses descendans, il suffit que vous sçachiez que les hommes naissent pecheurs & dans le desordre , qu'il y a inimitié entre Dieu & eux, que leur corps ne leur est point soumis & qu'ainsi leur esprit est dans les tenebres & leur cœur dans le déreglement.

Vous ne doutez pas de ces choses , si vous êtes persüadé de ce que je vous dis hier , ou si vous faites réflexion sur le combat que vous sentez en vous-même, de vous contre vous , de la loi de vôtre esprit contre la loi de vôtre corps, de vous ſelon l'homme interieur contre vous-même ſelon l'homme exterieur & ſenſible.

Vous croyez que l'ordre des choſes, eſt renverſé, il le faut donc rétablir, Ariſtarque. Mais comment ſera-il rétabli ? Sera-ce par la Philoſophie des Payens? ils ne connoiſſent pas nos maux, ils n'y peuvent pas rémedier. Sera-ce par la religion des Déiſtes ? ils ne veulent point de mediateur. Sera-ce par la loi de Mahomet ? Elle augmente la concupiſcence. Mais ſera-ce par par la loi de Moïſe ? Elle eſt juſte, elle eſt ſainte, il eſt vrai ; mais qui l'obſervera ? Elle montre le peché, elle fait ſentir la maladie, elle fait connoître le beſoin du medecin & la neceſſité de la grace, qu'il faut un Mediateur pour réconcilier les hommes avec Dieu ; mais elle ne le donne pas : elle le promet, elle le figure, elle le repréſente ; mais elle ne le poſſede pas. Moïſe a beſoin lui - même d'interceſſeur envers Dieu ; & s'il eſt interceſſeur & me-

diateur entre Dieu & son peuple, il
ne l'est que pour figurer le vrai
mediateur entre Dieu & les hommes, il ne l'est que pour leur obtenir
une longve vie sur la terre & des
biens temporels, car il ne leur promet point le ciel : il ne les réünit
point avec Dieu : il ne leur merite
point la charité : enfin il ne leur
envoie point le St. Esprit qui seul
chasse la crainte des esclaves, & qui
seul donne droit à l'heritage des enfans. Il n'y a que JESUS-CHRIST
qui soit capable de faire la paix
entre Dieu & les hommes : car il
n'y a que lui qui puisse satisfaire à
la justice de Dieu par l'excellence de
de sa victime, qui puisse interceder
envers Dieu par la dignité de son
sacerdoce, qui puisse tout obtenir
de Dieu, & nous envoyer le S. Esprit
par la qualité de sa personne. Il n'y
a que celui qui est descendu du ciel,
qui puisse nous enlever dans le
ciel ; que celui qui est uni avec
Dieu par une union substancielle, qui
puisse nous réünir avec Dieu d'une

d'une union surnaturelle; que le veritable Fils de Dieu qui puisse faire de
nous des enfans adoptifs.

Comme Dieu a tout fait par son
Fils & pour son Fils, il falloit qu'il
reparât tout par son Fils, & qu'il
l'établît chef de son Eglise, juge de
son peuple, souverain Seigneur de
toutes les créatures.

Quel autre que l'Homme-Dieu
pouvoit rendre à Dieu un honneur
digne de lui, pouvoit compatir à
nos miseres, & les sanctifier en sa
personne, pouvoit être prédestiné
avant tous les temps comme un
ouvrage digne de Dieu, figuré dans
tous les siecles comme la fin de la
loi, desiré de toutes les nations
comme le seul capable de les délivrer de leur misere?

Etant dévenus sensibles & charnels, ne falloit-il pas que le Verbe
se fît chair? que la lumiere intelligible se rendît sensible? que celui
qui éclaire tous les hommes dans
le plus secret de leur raison les in-
struisît aussi par leurs sens, par des
miracles,

miracles, par des paraboles, par des comparaifons familieres ?

Etant unis à tous les corps & dépendans de toutes les chofes auxquelles nous fommes unis, il falloit nous récommander l'abnegation, la privation, la pénitence ; il falloit nous fortifier par la délectation de la grace ; il falloit nous confoler par la douceur de l'efperance.

Qu'eft-ce que la Religion Chrêtienne ne fait pas qu'il faille faire? & qu'eft-ce que la Morale Chrêtienne n'apprend pas qu'il faille fçavoir? Mais, Ariftarque, il faut que je vous prouve plus au long, & d'une maniere, qui puiffe convaincre vôtre ami, que la feule Religion Chrêtienne eft capable de rétablir l'ordre que le peché a renversé.

Je commence par les chofes qui régardent la religion, & en fuite je pafferai à la Morale.

Prenez donc garde, Ariftarque. Penfez-vous que Dieu foit clement?

A R I. Si je le penfe.

H

T H E.   Mais penſez - vous qu'il
ſoit juſte ?

A R I. Oüi certainement.

T H E. * Vous croyez donc qu'il
eſt impoſſible que le peché demeure
impuni, que Dieu ne peut qu'il ne
ſe vange de ceux qui l'offenſent,
qu'il eſt neceſſaire qu'il ſe ſatisfaſſe
en ſatisfaiſant à ſa juſtice.

A R I. Je ne ſçai Theodore, car
puis que Dieu eſt clement, il peut
pardonner lors qu'il le veut.

T H E. Mais peut-il le vouloir ?

A R I. S'il le peut ? les hommes
le peuvent bien.

---

* Comme cét ouvrage eſt principalement
contre ceux qui déferent peu à l'Autorité
des Peres, je ne les cite pas pour prouver
ce que je dis, quoique j'apporte leurs raiſons, lors que je les juge propres à mon
deſſein. Si j'ai cité la *Récherche de la verité*
c'eſt afin qu'on y voie plus au long les choſes que je n'ai pas aſſez expliquées icy. On
voit bien que je ne prétens pas convaincre
perſonne par l'Autorité de ce Livre : je le
cite comme les Geometres citent Euclide
& Apollonius.

T H E. Les hommes peuvent pardonner lors qu'on les offense : ils
ne doivent pas même se vanger, ils
n'en ont point la puissance. Comme ils s'aimét trop ils excederoient;
comme ils font pecheurs ils se con-
damneroient ; comme tout ce qui
les blesse est ordonné de Dieu , ils
se révolteroient. Car la seule chose
que Dieu ne fait point , qui est la
malice interieure de leurs ennemis,
ne leur fait point de mal : Ils n'ont
aucun droit d'exiger qu'ils les aiment , & ils ne peuvent se vanger
de ce qu'ils ne leur rendent pas un
amour qui ne leur appartient pas.

Mais si les hommes avoient receu la souveraine sagesse & la souveraine puissance pour juger & pour
punir, pourroient - ils ne pas vanger les crimes que l'on auroit com-
mis contre Dieu ? pourroient-ils
pardonner le desordre ?

Mais s'ils le pouvoient , pensez-
vous qu'ils pûssent leur donner les
moyens de dévenir heureux ?

Certainement ils abuseroient de

leur puiſſance , ils renverſeroient toute la juſtice , ils pecheroient, ils n'auroient aucun amour pour Dieu, ni aucun zele pour ſa gloire.

Penſez-vous donc que Dieu puiſ-ſe renverſer l'ordre eſſenciel des choſes, ou combatre contre lui-même. Penſez-vous qu'il puiſſe ne s'aimer pas , qu'il puiſſe ne ſe pas ſatisfaire en manquant de ſatisfaire à ſa juſtice , & que cette clemence que vous concevez être une perfe-ction dans nous, ſoit une perfection dans Dieu ?

Non Ariſtarque, Dieu n'eſt point clement comme les hommes ; ſa clemence ſeroit contraire à ſa ju-ſtice ; Il y a contradiction que les pecheurs ſoient heureux, ſi ce n'eſt de la part des pecheurs, c'eſt de la part de celui qui peut tout, & qui ne peut rien contre l'ordre eſſenciel des choſes : c'eſt de la part de celui qui eſt eſſenciclement juſte. Il faut que Dieu puniſſe le peché , & s'il en veut épargner les auteurs pour la fin qu'il s'eſt propoſée dans la construction de son ouvrage, il faut qu'une victime plus digne qu'eux de sa grandeur & de sa justice reçoive le coup qui les devoit rendre éternelement mal-heureux. C'est ainsi que Dieu peut être clément.

Si cela est ainsi, vous réconnoissez bien la necessité de la satisfaction de Iesus-Christ : Que le mediateur des Ariens & des Sociniens est un mediateur qui ne peut payer pour eux, ni les réconcilier avec Dieu : Et qu'il n'y a que ceux qui croient que Iesus-Christ est veritablement Dieu, parce qu'il n'y a qu'un Dieu qui puisse nous justifier & nous sauver ; en un mot qu'il n'y a que ceux qui appellent Iesus-Christ par ce nom que lui donne l'écriture, & qui exprime si bien ses qualitez, * *Jehova justitia nostra*, Dieu nôtre justice, qui puissent avoir une entiere confiance dans son sacrifice.

Jerem. C. 23. v. 6.

* La vulgate porte *Dominus justus noster:* mais je cite l'Hebreu parce que *Jehova* étant le seul nom de Dieu qui ne se donne jamais aux créatures ce passage fait voir que le Messie est veritablement Dieu.

Prenez garde, Ariſtarque, Dieu fait tout ce qu'il doit.

A R I. Mais Dieu ne doit rien à perſonne.

T H E. Je le veux. Mais Dieu fait tout ce qu'il ſe doit à lui - même. On l'offenſe, on lui réſiſte, on renverſe l'ordre des choſes qu'il a établi ; ne ſe doit-il pas vanger ? ne doit-il pas ſatisfaire à ſa juſtice ? ne ſe doit-il pas cela à lui - même de punir ceux qui l'offenſent ? Car je tombe d'accord qu'à nôtre égard Dieu ne nous doit que ce qu'il veut nous donner, mais il ſe doit quelque choſe à lui même , & s'il ſe doit quelque choſe à lui même, il le fera; car il s'aime , & il ſe veut tout ce qu'il ſe doit. J'avoüe qu'il n'a point de loi qui le contraigne, qu'il eſt à lui-même ſa loi ; mais il eſt à lui-même inviolablement ſa loy , & il s'aime neceſſairement , quoi-que rien ne le contraigne de s'aimer, que lui-même.

A R I. Mais, Theodore, voulez-vous pénetrer dans les conſeils de

Dieu ? Voulez-vous donner des bornes à sa sageſſe & à ſa puiſſance? Penſez-vous que Dieu ne pouvoit ſatisfaire à ſa juſtice que par la mort de ſon Fils ? ſi cela eſt....

T H E. Je vous entends, Ariſtarque, la juſtice de Dieu pouvoit être ſatisfaite par mille autres moyens. La moindre ſouffrance, la plus petite action de l'Homme-Dieu pouvoit ſatisfaire pleinement à Dieu pour tous nos crimes ; car le merite en eſt infini par la dignité de la per‑ ſonne. Mais Dieu ne pouvoit être pleinement ſatisfait par toute autre ſatisfaction que par celle d'une perſonne Divine. Rien n'eſt digne de Dieu que Dieu même. Toute offenſe de Dieu eſt infiniment crimi‑ nele, & il n'y a rien d'infini que Dieu. Il ne peut donc ſe ſatisfaire s'il ne s'en mêle, telle eſt ſa grâdeur.

Quand Dieu auroit immolé toutes les créatures à ſa colere, quand il auroit aneanti tous ſes ouvrages ; ce ſacrifice auroit encore été indigne de lui.

Mais Dieu n'avoit pas fait le monde pour l'aneantir ; il l'avoit fait pour celui qui l'a réparé ; car ſon Fils eſt prédeſtiné avant tous les ſiecles pour en être le Chef : c'eſt le premier-né des créatures, c'eſt le commencement des voies du Seigneur, c'eſt le commencement, c'eſt la fin, c'eſt la perfection de tous les ouvrages de Dieu ; car il n'y a que JESUS-CHRIST qui faſſe que tout ce que Dieu a fait ſoit parfaitement digne de Dieu.

Je ne ſçai, Ariſtarque, ſi vous penſez à ce que je penſe. Je vais trop vîte, mais que me voulez-vous dire ?

ARI. Le voici. Dieu eſt infiniment ſage & infiniment puiſſant : pourquoi donc ne pourra-t-il pas créer une créature aſſez noble & aſſez élevée au deſſus des pecheurs pour ſatisfaire pour eux ?

THE. Quoi Ariſtarque, une créature ſe mêlera de réconcilier des pecheurs ? une créature oſera parler pour des pecheurs ? oſera témoigner de l'amour à des pecheurs à des damnez; Car si nous ne sommes point au rang des damnez, c'est à cause que nous sommes délivrez en JESUS-CHRIST. Mais je le veux, qu'elle parle, qu'elle souffre, qu'elle satisfasse pour nous, que sa satisfaction nous délivre. Nous lui sommes donc rédevables? Nous sommes donc ses esclaves: l'obligation que nous lui avons doit donc partager nôtre amour entre Dieu & elle; & peut-être que nôtre réparation étant un plus grand bien pour nous que nôtre création, nous devons l'aimer davantage que Dieu même, si nous devons aimer davantage les choses qui nous font le plus de bien.

Cependant Dieu veut que nous l'aimions en toutes choses: que tout le mouvement d'amour qu'il met en nous tende vers lui; non seulement que nous l'estimions comme la premiere cause & le premier être, mais que nous l'aimions en toutes choses comme la seule veritable cauſe de tout ce que les créatures ſemblent produire en nous.

C'eſt là l'ordre des choſes. Cét ordre ſera donc renverſé ; & même le renverſement en ſera juſtifié par ce deſſein de Dieu, de nous donner un autre réparateur que lui-même; car ce deſſein juſtifie en quelque maniere un amour qui ne tend pas uniquement vers Dieu , puis que ce deſſein nous propoſe un autre que lui qui ſoit un objet digne de nôtre amour,en nous propoſant une créature aſſez excellente pour nous obliger veritablement & par elle-même.

A R I. Mais n'avons-nous point d'obligation aux autres hommes qui prient pour nous , qui font pénitence pour nous? aux Saints dans le Ciel qui intercedent pour nous ?

T H E. Oüi, Ariſtarque,mais cette obligation ne doit point raiſonnablement partager nôtre amour.Toutes les bonnes volontez qu'ont les autres hommes pour nous ſont inef-

ficaces : ils ne peuvent par eux-mêmes nous faire aucun bien ni petit
ni grand.

Mais vous ne doutez pas que les
autres hommes ne meritent qu'en
Jesus Christ & que par Jesus-Ch.
Car Jesus-Christ même ne merite nôtre salut & ne satisfait dignement à son pere que parce qu'il est
son Fils. Ainsi comme il n'y a rien
hors de Dieu qui puisse veritablement & par lui-même nous faire
du bien, tout nôtre amour doit tendre vers Dieu. C'est là l'ordre des
choses. Il a établi cét ordre en nous
créant : car il ne nous a faits que
dans la vûë de la beauté de cét ordre, puis qu'il ne nous a faits que
pour l'aimer. Comment donc s'i-
maginer qu'il le veüille renver-
fer ?

Cependant que cette créature si
excellente par sa nature soit pro-
duite, qu'elle satisfasse, qu'elle sacri-
fie pour nous tout ce qu'elle a &
tout ce qu'elle est ; son sacrifice sera
encore indigne de la justice de Dieu,

fa fatisfaction n'égalera pas la grãdeur de nos offenfes, puis que toute offenfe de Dieu eft infinie à caufe de la dignité infinie de Dieu.

Donner un foufflet à fon Prince eft un plus grand crime que de donner la mort à fon valet, parceque l'offenfe croît à proportion de la dignité de l'offenfé par deffus la perfonne qui offenfe.

Cela étant, Dieu ne feroit donc pas pleinement fatisfait par cette créature ? Il ne la fera donc pas pour fe fatisfaire, s'il veut être pleinement fatisfait. Mais Dieu qui s'aime parfaitement ne fe doit-il pas à lui-même de vouloir fe fatisfaire pleinement ? Qu'en penfez-vous Aristarque.

Mais je veux encore vous accorder que Dieu ait pû prendre un autre deffein pour la réparation de fon ouvrage que l'Incarnation de fon Fils. Quelle eft la religion qui nous affure qu'il l'a fait ? Quelle eft cette créature par laquelle nous avons accés à Dieu ?

Quelle est la Religion qui apprend
ce myftere de nôtre réconciliation
avec Dieu ? Eft-ce la religion des
Chinois ou des Tartares, peut-être
qu'il la faudra fuivre ? Mais il n'y
a pas même d'autre Religion que la
Chrètienne qui réconnoiffe le peché originel & la corruption generale de la Nature , tant s'en faut
qu'il y en ait qui réconnoiffe cette
créature élevée au deffus des hommes par l'excellence de fa Nature
pour être leur victime.

Car enfin fi les Juifs invoquent
Abraham, Moïfe, leurs Prophetes,
ils croient que ce font des hommes
& des hommes dont la grandeur
principale confifte à être l'ombre &
la figure de leur Meffie & de nôtre
Liberateur.

Il n'y a donc point d'autre Religion que la Chrêtienne : il n'y a
point d'autre Mediateur que JESUS-
CHRIST. Il ne peut même y avoir
de Religion fi excellente & fi digne
de Dieu que celle que nous profef-
fons; car il n'y a point d'autre voie

poſſible de réparer l'ouvrage de
Dieu, qui ſoit auſſi digne de Dieu,
que celle que nous croyons que
Dieu a ſuivie. Enfin l'ouvrage de
Dieu réparé eſt même beaucoup
plus digne de Dieu par la ſainteté
de celui qui le rétablit, que ce même ouvrage dans ſa perfection naturele.

E R A S T E. Ce que vous dites là
me paroît certain. Si Dieu n'avoit
pas eu de voie pour tirer plus de
gloire de la réparation de ſon ouvrage que de ſa premiere conſtru-
ction, il me paroît évident qu'il n'en
auroit pas permis la corruption :
car enfin Dieu n'a pas été ſurpris
par la deſobeïſſance du premier
homme. Il a prévû ſa chûte avant
qu'il le formât, & la corruption que
cette chûte devoit répandre dans
tout ſon ouvrage.

T H E. Vous avez raiſon, Eraſte,
le premier deſſein de Dieu a été l'Incarnation de ſon Fils. C'eſt pour lui
que nous ſommes faits, quoiqu'il
ſoit incarné pour nous. Nous ſom-

mes faits à son image, car il est
homme dans le dessein de Dieu
avant qu'il y eût des hommes. Dieu
nous a élûs en lui avant la création
du monde. Comme Dieu a tout
fait par lui, il a aussi tout fait pour
lui. Car Jesus-Crhist est cét homme pour lequel Dieu a tout fait.
Il a été prédestiné pour être le Chef
des Anges & des Saints, des Anges
qui sont avant les Saints ; Mais il
étoit avant tous dans le dessein de
Dieu, car les membres sont faits
pour le chef, & non le chef pour
les membres.

C'est comme je vous ai déja dit * par l'Incarnation du Fils que le Pere est adoré comme il le merite. Car quels sont les respects des Anges & des hommes s'ils ne sont rendus par Jesus-Christ ? Mais s'il est certain que Dieu veut être adoré comme il le merite, il est certain pareillement que Dieu veut être adoré par son Fils. Il est donc certain que le dessein de Dieu c'est l'Incarnation de son Fils, & que la créa-

*Entretien. 2.

tion des hommes & des Anges
n'entre dans le deſſein de Dieu qu'à
cauſe de ſon Fils ; que Dieu n'a
fait les hommes & les Anges que
pour récevoir leurs reſpects par ſon
Fils , & qu'il n'a permis le peché
d'Adam & la corruption de la Nature que pour favoriſer l'Incarnation de ſon Fils , pour la rendre neceſſaire ou pour en être l'occaſion.

Ces choſes me paroiſſent certaines, mais, Ariſtarque , qu'en penſez-vous ?

A r i. Je ne ſçai encore qu'en
croire.

E r a. Comment , Ariſtarque ,
vous héſitez ſur cela, je m'en vais
vous déterminer.

Un ouvrier fait quelque ouvrage ſeulement pour lui - même. Il
prévoit certainement que , s'il le
met en vûë , on ne manquera pas
de le rompre , je vous prie , agit-il
ſagement de ne le pas mettre en lieu
ſeur ?

A r i. Non Eraſte.

E r a. Fort-bien. Mais ſi un ou-

vrier prévoit que, mettant son ouvrage dans le lieu où il le doit mettre, & où il sera rompu , on le lui
payera infiniment plus qu'il ne vaut;
pensez-vous qu'il doive le cacher ou
le mettre dans un lieu indécent pour
le conserver, principalement s'il peut
sans peine faire de tels ouvrages.

A R I. Alors , Eraste , il doit le
mettre dans son lieu. Il ne doit pas
changer de dessein : au contraire il
doit faire son ouvrage , si ce n'est
afin qu'on le rompe , au moins afin
qu'on le lui paye plus qu'il ne vaut.
Il doit se servir de ce qui arrivera à
son ouvrage, comme d'une occasion
favorable pour s'enrichir : car je
suppose que cét ouvrier pense plus
à lui & à s'enrichir qu'à toute autre
chose.

E R A. Prenez donc garde. Dieu est
cét ouvrier qui travaille pour lui-
même & qui ne pense qu'à sa gloire.
Toutes les pures créatures ne peuvent l'honorer comme il le merite,
tout son ouvrage ne peut l'enrichir.
Le fera-t-il ?

De plus s'il fait l'hôme & le laiſſe à lui-même, s'il ne touche point
à ſa liberté, s'il veut en être aimé
d'un amour de choix, d'un amour
meritoire, d'un amour éclairé qui
ſoit parfaitement digne d'une créature raiſonnable; en un mot, s'il
met d'abord l'homme dans l'état ou
l'homme doit être, il prévoit que
l'homme ceſſera de l'aimer & qu'il
le deshonorera. Le fera-t-il ?

Cependant, Ariſtarque, nous
ſommes faits,& Dieu eſt ſage. Dieu
nous a faits pour l'honorer & l'honeur que nous pouvons lui rendre
n'eſt pas digne de lui. Mais de plus
au lieu de l'honorer autant que
nous pouvons, nous le deshono-
rons, nous lui deſobeïſſons, nous
preferons l'amour du corps à ſon
amour. Il a prévû cette corruption
de nôtre cœur, avant que nôtre
cœur fût formé. Où eſt donc ſa ſageſſe ? comment la juſtifierez-vous?
Que penſez-vous d'un ouvrier qui
travaillant pour ſoi fait un ouvrage qui lui eſt inutile ? Qu'avez-vous

dit d'un Ouvrier qui fait un ouvrage & l'expofe fçachant qu'on ne manquera pas de le rompre. Dieu eft fage, Ariftarque, mais qu'a-t-il fait ? Voici ce qu'il a fait. Il a prédeftiné de toute éternité Jesus-Chr. pour être chef de fon ouvrage, afin que J. C. & toutes les créatures par Jesus-Christ, lui rendiffent un honeur digne de lui. Il a mis l'homme dans l'état où il devoit le mettre par les raifós que je vous ai dites.* Il a prévû fa chûte & il l'a permife, afin qu'elle fervît à fon grand deffein. Voilà fa fageffe juftifiée. Le voilà pour ainfi dire plus riche & plus puiffant qu'il n'étoit. Il commande à fon Fils qui lui eft égal. Il le juge, il le punit pour nous : il fe vange & il fe fatisfait pleinement de nos pechez. Mais il reçoit de lui, & de nous par lui, des honeurs, qui certainement font dignes de fa Grandeur & de fa Majefté. Que penfez - vous préfentement de ce que vous a dit Theodore ?

A R i. Il me femble que Theo-

* Entretien 2.

dore prouve assez ce qu'il dit:mais j'apprehende de le croire , car ce qu'il avance me paroît nouveau.

TH E. Oüi, Aristarque,ce que je dis est nouveau pour le commun des hommes & pour les Chrêtiens qui ne sçavent pas assez le mystere de la Religion qu'ils professent.

JESUS - CHRIST n'est point connu dans le monde , on ne pense point a sa Grâdeur, on ne sçait point comment il est le commencement & la fin de toutes choses. Les Saints qui lisent l'Ecriture dans le dessein d'y trouver JESUS-CHRIST, ne manquent pas de l'y trouver,car il y est répandu par tout : mais ils n'ont pas l'esprit du monde , ils ont l'esprit de Dieu par lequel ils connoissent la grandeur du don que Dieu leur a fait. L'homme animal & sensible n'est point capable des choses qu'enseigne l'esprit de Dieu, car l'œil n'a point vû , l'oreille n'a point entendu,& le cœur de l'homme n'a jamais connu ce que Dieu a préparé pour ceux qui l'aiment.

Je ne parle pas seulement de ces faux sçavans qui nient la corruption de la Nature, la necessité de la grace, la divinité de Jesus-Ch. & qui prennent la qualité de Chrêtiens. Je parle de ceux qui vivent dans le sein de l'Eglise, mais qui ont tres-peu d'amour pour la Religion. Ils ne peuvent pas être fort sçavans dans la connoissance de Jesus-Ch. puis qu'ils ne l'aiment pas qu'ils ne l'étudient pas dans les Ecritures, & qu'ils ne vivent dans la Religion Chrêtienne qu'à cause peut-être que c'est la Religion de leurs peres.

A r i. Vous nous avez dit bien des choses hier & aujourd'hui que je n'ai point vû mon ami. Je m'imagine qu'il est en peine de moi, comme je suis en peine de lui ; je vais le trouver.

T h e. Allez Aristarque, faites-lui bien comprendre la corruption generale de la Nature & l'inimitié qui est entre Dieu & l'homme : & tâchez de lui bien démontrer la necessité de la satisfaction de Jesus-Christ.

Si vous voyez qu'il entre dans vôtre penſée, & qu'il ſoit docile, jettez-vous auſſitôt dans les loüanges de Jesus-Christ, & excitez vôtre ami à l'aimer en lui répreſentant les principales obligations qu'il lui a.

Dites lui que Iesus-Christ eſt la voie, la verité & la vie : Qu'il eſt nôtre lumiere intelligible qui nous éclaire dans le plus ſecret de nôtre raiſon, & nôtre lumiere ſenſible qui nous inſtruit par des Miracles, par des Paraboles, par la foi : Qu'il eſt ſeul la nourriture de l'ame, que ſa ſeule lumiere produit la charité, qu'il n'y a que lui qui donne le St. Eſprit par lequel nous devenons enfans de Dieu : Qu'il eſt ſeul nôtre Mediateur, nôtre victime, nôtre grand Prêtre : Que Dieu ne nous écoute que par lui, que nous ne ſommes purifiez que dans ſon ſang, & que nous n'entrons dans le Saint des Saints que par ſon ſacrifice : Qu'il a été prédeſtiné avant tous les ſiecles pour être nôtre Roy &

nôtre Chef, pour être nôtre Pasteur
& nôtre Legiflateur ; que fes membres feront heureux avec lui, que fes
oüailles qui auront écouté fa voix
& qui auront obéi à fa Loi feront
couronnées avec lui : Que Jesus-
Christ nous eft toutes chofes,
que nous fommes en lui une nouvele créature, & un nouvel homme qui n'a point été condamné en
Adam ; que hors de Jesus-Christ
nous ne fommes rien, nous ne pof-
fedons rien, nous n'avons droit à
rien, nous fommes vendus au peché, efclaves des Demons, les objets
éternels de la colere de Dieu.

Tàchez ainfi de le faire penfer à
Jesus-Christ de le lier à Jesus-C.
de lui faire eftimer & aimer Jesus-
Christ & finiffez par ces paroles
par lefquelles S. Paul finit une de
fes Epîtres. *Qui non amat Dominum
Jefum Chriftum anathema fit.* Ana- I. Aux
théme, mais Anatheme éternel Corint.
à celui qui n'aime pas Jesus-
Christ.

ENTRETIEN VI.

*La verité de la Religion Chrê-
tienne prouvée par d'autres
raisons.*

ARISTARQUE. Ah! Theo-
dore, que je suis mal satisfait
de mon ami!

THEODORE. Je le voi bien,
Aristarque, l'air de vôtre visage ne
répand point la joie dans ceux qui
vous considerent, ce n'est point un
air de triomphe & de victoire, qui
réjoüisse ceux qui y prennent part.
Mais comment vous a-t-il pû resister?

ARI. Comme j'étois bien persuadé de la verité de la Religion
Chrêtienne par les preuves du peché originel & de la necessité du
Mediateur; je m'imaginois que je
l'allois convaincre en lui proposant

ces mêmes preuves. Mais je ne fçai
à quoi je dois attribuer le mal-heureux fuccés de mes paroles, lors que
je lui parlois, au lieu de l'éclairer
je l'agitois, il rébutoit tout ce que
je lui propofois avec une efpece de
mépris : il ne m'accordoit pas méme les notions communes, & me
difoit inceffament que mes raifons étoient des raifons de Philofophie.

Telles réponfes me fâchoient, je
m'efforçois de le convaincre, je ré-
commançois fans ceffe les mêmes
chofes, efperant qu'il rentreroit
dans lui-même, mais tous mes efforts ont été entierement inutiles.

C'eft une chofe étrange, Theodore, qu'on ne puiffe pas convaincre les autres des chofes dont on
eft pleinement convaincu : car il
me femble que tous les hommes
doivent voir les mêmes chofes.

TH E. Si tous les hommes étoient
également attentifs à la verité interieure, ils verroient tous également les mêmes chofes. Mais vô-

tre ami ne vous reſſemble pas , il
tient à trop de choſes , & ſon or-
gueuil fait qu'il eſt tellement répandu hors de lui même depuis pluſieurs années, que les preuves abſtraites & les raiſonnemens ap-
puyez ſur les notions, qui n'ont
rien de ſenſible , ne le perſuadent
pas, parce que ces preuves ne le touchent pas , & qu'il a pluſieurs raiſons confuſes qui l'empêchent de
s'y appliquer.

Quand un homme a trouvé une
démonſtration en matiere de Geometrie, il en peut convaincre tous
ceux à qui il la propoſe clairement,
parce que ces choſes ſont ſenſibles,
qu'on s'y applique volontiers, qu'on
n'a point de raiſon pour ne les pas
croire , qu'on n'eſt point préoccupé
par l'autorité des gens qui les nient,
& que lors qu'on voit ces ſortes de
veritez, on les voit d'une maniere
ſenſible. Mais il n'en eſt pas de même de certaines veritez qui ſont
contraires à nos inclinations ; on
n'y penſe pas ſérieuſement , & l'on

a plusieurs raisons pour ne les pas croire.

Il faut, Aristarque, que je vous démontre la verité de la Religion Chrêtienne par des preuves plus sensibles que celles de nôtre entretien précedent ; peut-être que vôtre ami les écoutera plus volontiers.

Prenez s'il vous plaît sa place & faites-moi toutes les objections que vous vous imaginez qu'il seroit capable de me faire. Je suppose seulement que Dieu a fait les esprits pour le connoître & pour l'aimer. C'est de quoi vôtre ami demeure d'accord.

Vous avez oüi parler, Aristarque, du Legislateur des Juifs, de ce fameux Moyse à qui Dieu a donné les dix Commandemens sur la Montagne de Sinaï. Croyez-vous ce qu'en dit l'Ecriture ?

A R I. Si c'étoit un fourbe ou un imposteur ?

T H E. Fort-bien, Aristarque, vous prenez comme il faut le caractere de vôtre ami. Mais sçachez

qu'il faut être efprit fort dans l'excez, je veux dire le plus ignorant &
le plus emporté des efprits forts,
pour ofer dire que Moïfe étoit un
fourbe. Vous faites bien de l'honeur à vôtre ami.

A R I. Je fçai ce que je dis.

T H E. Bien donc fi vous le connoiffez fi fort, parlez pour lui, je
l'attaque en vôtre perfonne. Vous
êtes raifonnable, Ariftarque, &
vous ne devez pas vous éloigner
d'un fentiment qui eft univerfele-
ment receu par toutes les perfonnes
raifonnables fi vous n'avez de bonnes preuves qu'ils fe trompent.

A R I. Il y a tant de préoccupa-
tion.

T H E. D'accord, mais ce lieu
commun ne vous juftifie pas, ou
bien il juftifiera les doutes les plus
extravagans que l'on puiffe former;
car je ne crains point de vous dire
qu'il n'y a jamais eu d'homme que
l'on pût accufer de fourberie avec
moins de raifon que Moïfe.

C'eft une qualité effenciele à un

fourbe de fuir la lumiere, mais les miracles de Moïfe ont été faits à la veüe de tout un peuple, à la veüe de fix cens mille combattans ; il en a fait un tres-grand nombre : Mais pour ne pas m'arrêter à des preuves inutiles, faites feulement réflexion à la maniere dont les Ifraëlites ont été nourris dans le defert durant quarante années. Tous les matins la terre étoit couverte de manne, excepté le jour du Sabath. Quand elle étoit gardée pour le lendemain, elle étoit puante & pleine de vers, excepté le jour du Sabath. Cette manne ceſſa de tomber lors que les Ifraëlites eurent mangé des fruits de la terre de Canaan, & depuis ce temps-là jamais les Ifraëlites n'ont veu tomber de manne.

Peut-on attribüer à une cauſe na-turele cette pluye ou cette rosée qui n'eſt tombée que pendant quarante ans, qui ceſſoit de tomber tous les famedis, & qui ne ſe pouvoit gar-der ſans ſe corrompre que les fame-dis. Eſt-ce que l'air & le ſoleil du samedi est different de celui des autres jours ? Est-ce que le premier repas que les Israëlites firent dans la terre de Canaan changea la face du ciel & la situation des astres qui faisoient pleuvoir la manne. N'est-il pas évident par les circonstances que cette pluye n'étoit point naturele ?

AR I. Mais quelle preuve avez vous que le Pentateuque , Josüé & les autres Livres , d'où vous prouvez ce que vous dites de la manne, sont veritables. S'ils étoient fabuleux ....

THE. S'ils étoient fabuleux, Aristarque, les Juifs seroient des hommes d'une autre espece que nous, ils seroient fous & stupides d'une maniere qui n'a rien de vrai-semblable.

Pensez-vous , Aristarque , que des hommes qui ont un peu de sens commun reçoivent sans raison & sans examen des livres comme autentiques & comme la regle de leur foi & de leur conduite ?

Pensez-vous qu'un peuple entier se soûmette à une loi tres-dure & tres-pénible sans y être comme forcé par l'autorité Divine, par la force des armes, ou par quelque raison d'intérêt ?

Pensez-vous que sur une histoire fabuleuse qu'on nous viendroit dire de nos ancêtres, nous fussions assez stupides & assez insensibles pour nous soûmettre aveuglément & sans examen à une ceremonie aussi honteuse & aussi incommode qu'est celle de la Circoncision ? Comment donc s'imaginer que les Juifs ont receu sans réflexion la loi qu'ils observent, & les Livres qu'ils appellent Canoniques ? Ces Livres ne les flattent point, ils les menaçent sans cesse, ils leur réprochent sans cesse la stupidité, l'infidelité, la malice de leurs ancêtres.

On n'a point obligé les Juifs par la force des armes de recevoir ces Livres autentiques, pourquoi donc les reçoivent-ils ? pourquoi les conservent-ils avec tant de soin ? pourquoi n'y a-t-il point d'hommes si fermes qu'eux dans la religion de leurs Peres ? C'est sans doute ou que les Juifs ne sont point hommes comme nous, ou plûtôt que leur religion & leurs livres ont tous les caracteres possibles de la verité.

Mais, Aristarque, vous croyez que Dieu nous a faits pour le connoître, pour l'aimer & pour le servir par la religion la plus raisonnable; car il faut un culte exterieur à des hommes sensibles & qui vivent en societé. Nous devons donc de tous les livres qui parlent de quelque religion croire ceux qui ont davantage le caractere de la verité. Mais il n'y en a point de comparable à l'Ecriture pour les raisons que j'ai dites & pour une infinité d'autres. Nous devons donc regarder ces Livres comme nôtre regle, & y chercher la religion que nous devons suivre. Et si nous nous trompions dans le choix de ces livres, nôtre erreur viendroit uniquement de ce qu'il n'y auroit point de marque pour difcerner les livres faints des profanes, ou plûtôt de ce qu'il n'y auroit point de livres faints, ni de religion qui fût agréable à Dieu.

Cela n'étant pas poffible, tenons-nous à l'Ecriture, & voyons quelle eft la religion qu'elle nous propofe.

A r i. Quoi, Theodore, voulez-vous être Juïf.

T h e. Oüi certainement, Ariftarque, fi le Judaïfme eft la loi que l'Ecriture nous propofe comme capable de nous rendre plus parfaits & plus heureux. Car pour moi je regarde l'Ecriture Sainte comme un livre divin. Mais peut-être que le Judaïfme à la lettre n'eft point la fin de la loi ?

Prenez garde Ariftarque. Penfez-vous que les bêtes ayent une ame, je veux dire une fubftance qui aime ou qui informe leur corps & qui foit plus noble que lui ?

A r i. A propos de quoi ?

T h e. Répondez feulement.

A r i. Oüi je croi que les bêtes

ont une ame & que leur ame est plus noble que leur corps.

Th e. Je vous prouve que vous vous trompez. Quelle est la fin, quel est le bien, quelle est la felicité des bêtes ? Pensez-vous que les bêtes ayent d'autre felicité naturele que la joüissance des corps ?

A r i. Non, je croi que les bêtes sont faites pour boire & pour manger ; c'est là leur fin.

Th e. Dieu a donc fait l'ame des bêtes pour joüir des corps. Mais l'ame des bêtes est plus noble que les corps. Dieu n'a donc pas bien ordonné son ouvrage, il n'a donc pas proposé aux bêtes une fin digne d'elles, si ce qui rend plus heureux & plus parfait doit être plus noble que ce qui reçoit son bon-heur & sa perfection, Ainsi vous devez réconnoître que Dieu n'a point donné aux bêtes d'ame qui soit distinguée de leur corps, ou plus noble que lui, ou bien vous devez révenir, & dire que les bêtes ont quelqu'autre felicité que celle de boire, de manger & de joüir des corps.

A r i. Cette raison me convainc. Mais qu'en voulez-vous conclure.

T h e. Le voici, Aristarque, vous croyez que les Juifs étoient hommes comme nous, & qu'ils avoient une ame, je veux dire une substance qui pense, qui sent, qui veut, qui raisonne, laquelle est distinguée du corps ; vôtre ami, de qui vous tenez la place, étant Cartesien n'en doute pas.

A r i. Il est vrai, il prouve même démonstrativement que l'exi-stence de l'ame est plus certaine que celle du corps.

T h e. Cela étant, Aristarque, je dis que le Judaïsme à la lettre n'est point une religion que Dieu ait éta-bli pour des hommes, pour rendre les Juifs plus parfaits & plus heu-reux, parce que Moyse ne propose point aux Juifs d'autre felicité que la joüissance des corps, ni d'autre mal-heur que leur privation & que cependant les Juifs avoient une ame comme nous. Aprés que Moyse

eut proposé aux Juifs cette loi charnele & ceremoniale, qui étoit l'ombre des choſes qui devoient arriver,
il leur promet s'ils l'obſervent que
leur terre ſera fertile , qu'ils auront
grande famille, que leurs troupeaux
ſeront féconds , qu'ils ſeront les
maîtres de leurs ennemis , & que
Dieu les conſervera comme un peuple qu'il a choiſi ; mais s'ils ne l'obſervent pas, il les avertit qu'ils man-
queront de toutes les choſes neceſſaires à la vie , & leur prédit les
maux temporels qui leur ſont arri-
vez. Enfin il ne leur propoſe point
d'autre récompenſe ni d'autre punition , d'autres biens ou d'autres
maux , que la joüiſſance ou la privation des corps. Il ſemble qu'l n'y
ait point d'enfer , point de paradis,
point d'éternité pour les Juifs.

A R I. Mais d'où vient cela ? Il
falloit que les Juifs fuſſent bien
groſſiers & bien charnels.

T H E. Ce n'eſt point, Ariſtarque,
que les Juifs fuſſent groſſiers &
charnels, c'eſt que Moïſe n'étant que

figure ne pouvoit promettre que des biés en figure,& qu'il ne pouvoit introduire dans l'heritage des enfans.

Les grands Prêtres selon la Loi de Moïse entroient dans le sanctuaire fait de la main des hommes & qui n'étoit que la figure du veritable. Ils y entroient avec le sang des boucs & des veaux qui ne pouvoit purifier la conscience. La Loi de Moïse & ses sacrifices ne pouvant donc justifier les hommes, elle ne leur donnoit point de part aux biens éternels ; ainsi Moïse ne les devoit pas promettre, cela étoit dû à JESUS-CHRIST qui est entré avec son propre Sang dans le ciel, le vrai sanctuaire, & qui nous a acquis le salut éternel comme étant seul le souverain Prêtre des biens futurs.

Pensez-vous que les Juïfs fussent plus charnels que les Payens ? pensez-vous que Moïse fût plus grossier que les poëtes qui nous parlent de leurs divinitez d'une maniere si indigne ? Mais les Payens pensoient

à une autre vie. Les Poëtes ont parlé des Champs Elisées & des En-
fers comme des lieux destinez à la
récompense des bons & à la punition des méchans.

Il n'y a point de motif plus fort,
d'idée plus terrible, de récompense
plus agréable que celle de l'éternité:
& les peuples les plus barbares sont
capables d'être frappez, d'être ébrâ-
lez, d'être portez a l'exercice de la
vertu par cette pensée qu'ils en seront éternelement récompensez.
Cependant Moyse fait un grand de-
nombrement de benedictions & de
maledictions, & l'éternité n'y a
point de lieu.

A R I. C'est qu'il ne croyoit pas
qu'il y eût des Esprits, il ne croyoit
pas l'immortalité de l'ame.

T H E. Cette consequence est tres-
juste, & si je ne sçavois que la loi
des Juifs & leur alliance avec Dieu
est figure de la nouvele alliance, je
me croirois peut-être obligé par le
respect que je dois aux livres de
Moyse d'être du sentiment des Sa-

ducéens ; car il n'y a que ce parti qui paroiſſe raiſonnable, ſelon ce que je viens de dire, car je n'ai point parlé des choſes qui le renver-ſent. Mais comme vôtre ami eſt Carteſien, il eſt trop convaincu de l'immortalité de l'ame & que les êtres qui penſent ſont diſtinguez de la matiere qui ne peut penſer, pour tirer la même conſequence que vous.

A r i. Il eſt vrai, cela doit le convaincre.

T h e. Cependant, qu'il n'en ſoit pas convaincu. Je veux que les corps ſoïent pour nous des biens verita-bles ; mais ces biens ſont-ils capa-bles de récompenſer ceux qui ac-compliront le précepte d'aimer Dieu de tout leur cœur, de tout leur eſprit, de toutes leurs forces ? Ce ſont peut-être des biens capables de récompenſer la vertu des Romains, car il ne faut que de tels biens pour de telles vertus. Mais ſont-ils di-gnes de Dieu ; ſont-ils ſuffiſans pour rendre veritablement heureux ceux

qui l'aiment veritablement ? Vous
voyez bien, Ariſtarque, que cela
n'eſt pas : Pourquoi donc Moïſe
ordonne-t-il que l'on aime Dieu de
toutes ſes forces, & pourquoi ne
promet-il que des corps pour la
récompenſe de cét amour, ſi ce n'eſt
que l'amour de Dieu pardeſſus toutes choſes eſt indiſpenſable, & que
Moïſe ne devoit pas promettre des
biens qu'il ne pouvoit donner ?

Il me ſemble, Ariſtarque, que cela
ſuffit pour vous convaincre que le
Judaïſme n'étoit que l'ombre & la
figure du Chriſtianiſme : Que l'an-
cienne alliance repréſentoit ſeulement la veritable réconciliation de
Dieu avec les hommes : Et que les
Prêtres ſelon l'ordre d'Aaron, les
ſacrifices, les ceremonies de la Loi
devoient être abrogées par le ſacrifice de l'Agneau ſans tache qui ôte
les pechez du monde, qui ſatisfait
dignement à la juſtice de Dieu, qui
introduit dans le Saint des Saints,
& qui promet les vrais biens à tous
ceux qui ſont membres du corps

dont il est le Chef.

Ainsi vous voyez que je n'ai pas dessein de me faire Juif, si vous ne me croyez assez stupide pour régarder les corps comme mon bien ; les corps dis-je qui ne peuvent être le bien des chiens si les chiens ont une ame distinguée de leur corps & plus noble que lui.

A R I. Il est vrai que les corps ne sont pas des biens dignes d'un esprit ; que ceux qui les aiment n'en deviennent pas plus parfaits ; que ceux qui en joüissent en ont souvent honte ; & que les promesses de Moïse sont indignes des hommes, car même les Philosophes Payens en demeureroient d'accord. Jesus-Christ veut que l'on méprise ces biens, quoique la Loi les promette; & il déclare heureux ceux qui en sont privez , ceux qui sont miserables & maudits selon la Loi.

Ainsi je demeure d'accord que les promesses de la Loi n'étoient que des figures. Car ceux d'entre les Juifs qui avoient la charité ne pou-

voient desirer l'accomplissement de
ces promesses comme leur vrai
bien. Mais la loi en elle-même étoit
peut-être bonne ?

T H E. Ne voyez-vous pas qu'il
doit y avoir du rapport entre les
biens que promettoit la Loi, & la
Loi-même ? & que si la Loi justi-
fioit réelement & par elle-même, les
récompenses de la loi devoient être
bonnes en elles-mêmes & rendre
heureux un veritable juste. Mais
on ne peut pas même être juste &
desirer uniquement ces récompenses. Les justes ne pouvoient donc
mettre leur confiance dans les sacrifices & les ceremonies de la Loi;
ils devoient attendre le Messie, &
celui qui pouvoit promettre les
biens qu'ils pouvoient desirer.

Il y avoit deux sortes de Juifs
sous la Loi; des Juifs selon l'esprit,
des Juifs selon la lettre. Ceux qui
avoient l'esprit de la Loi étoient
Chrêtiens ; car Jesus-Christ est la
fin de la Loi, & ceux-là étoient cir-
concis de la circoncision du cœur,

ils s'étoient depoüillez du vieil homme, ils expliquoient toute la Loi, ses ceremonies & ses promesses par rapport au Messie & aux biens éternels qu'ils attendoient de lui.

Ils n'étoient point scandalisez lors qu'Isaïe disoit de la part de Dieu aux Juifs selon la chair : *Ecoutez la parole du Seigneur, Princes de Sodome : prétez l'oreille à la Loi de nôtre Dieu, peuple de Gomorrhe. Qu'ai-je à faire de cette multitude de victimes que vous m'offrez, dit le Seigneur, tout cela m'est à dégoût. Je n'aime point les holocaustes de vos béliers, ni la graisse de vos troupeaux, ni le sang des veaux, des agneaux & des boucs.* Isaïe ch. 1.

Ils chantoient avec joie & dans le même esprit que les Chrêtiens : *Si vous aimiez les sacrifices, je vous en offrirois, mais les holocaustes même ne vous sont pas agreables.... Seigneur répandez vos benedictions sur Sion, bâtissez les murs de Jerusalem : alors vous aimerez les sacrifices de justice, les offrandes & les holocaustes : alors on of-* Pf. 50.

ſira des victimes ſur vôtre *Autel.*
Enfin ils ſoûpiroient inceſſament
vers le ciel pour attirer le vrai Meſſie qui devoit les délivrer de leurs
pechez.

Mais les Juifs ſelon la chair ſe
glorifioient de la marque honteuſe
de la circonciſion de leur corps. Ils
étoient incirconcis de cœur ils a-
voient un voile qui leur cachoit la
fin de la Loi. Ils mettoient leur confiance dans leurs ſacrifices & dans
leurs ceremonies, dans l'Arche & le
temple du Seigneur, dans Moïſe,
Abraham, & leurs autres Patriar-
ches : ils étoient pleins de zele & de
fureur contre les vrais Iſraëlites, &
ils perſecutoient ſans ceſſe les Prophetes qui avoient l'eſprit de la
loi & qui les réprenoient de leurs
vices.

Les Juïfs ſelon l'eſprit étoient
veritablement Chrêtiens, ils étoient
toûjours prêts de réconnoître & de
récevoir J E S U S-C H R I S T lors qu'il
viendroit ; car la Morale du Nouveau Teſtament eſt tout-à-fait con-

forme à la disposition de leur cœur, puis qu'ils reconnoissoient que les biens sensibles étoient indignes de leur amour. Et comme ils n'expliquoient pas l'Ecriture Sainte selon la lettre, mais selon le sens mystique & par rapport au Messie qu'ils attendoient, les preuves que les Apôtres tiroient de l'ancien Testament pour justifier la qualité de Jesus-Christ étoient tout-à-fait de leur goût.

Ainsi Jesus-Christ & les Apôtres étoient écoutez par ceux d'entre les Juïfs qui étoient animez de la charité. Mais les Juïfs charnels qui avoient le cœur voilé, ne pouvoient & ne vouloient pas même comprendre les preuves que les Apôtres donnoient de la verité qu'ils leur préchoient.

A R I. Mais ne faut-il pas avouër que les preuves que les Apôtres tirent de l'ancien Testament pour confirmer le Nouveau sont bien foibles ?

T H E. Elles sont nulles & même

extravagantes pour les Juifs charnels & pour tous ceux qui ne ſçavent pas diſtinctement que l'ancien
Teſtament n'eſt que pour le Nouveau ;

Qu'Abraham, Joſeph, Joſué, David, Salomon ne ſont dans l'Ecriture qu'à cauſe de Jesus-Christ, &
que les choſes qui arrivoient aux
Juifs étoient des figures de ce qui
devoit nous arriver.

Oüi, Ariſtarque, ſi le ſens litteral de l'Ecriture eſt le principal, St.
Paul & les Apôtres ne prouvent
rien. Que dis-je, ils ne prouvent rien?
ce ſont des extravagans & des vi-
ſionnaires. Mais il faut être le plus
ſtupide ou le plus emporté des hommes pour s'imaginer que St. Paul
n'ait pas le ſens commun & qu'il
veuille bien ſe rendre ridicule en
abuſant des paſſages de l'Ecriture
pour convaincre les Juifs de l'inu-
tilité de leurs ſacrifices & de leurs
ceremonies.

Car enfin ſi l'on peut ne pas croire
que la lettre de la loi donne plû-

tôt la mort que la vie, aprés ce que
je viens de dire, je ne voi pas qu'on
puisse s'empêcher de croire qu'au
moins il y avoit parmi les Juifs des
gens qui cherchoient dans la loi un
autre sens que le litteral, puis que
saint Paul ne se sert point du sens
litteral pour les convaincre de la
venuë du Messie, ne sçavez-vous
pas que même à présent les Com-
mentateurs Juifs qui sont les ennemis déclarez de Jesus-Christ rapportent au Messie la plûpart des
passages que les Apôtres rapportent
à Jesus-Christ, quoi-que souvent
ces passages se puissent entendre de
David, de Salomon ou de quelques
autres, parce qu'en effet on ne doit
considerer ces personnes que comme les figures da Jesus-Christ.

La lettre de l'Ecriture renferme
par une providence toute sainte,
tant de choses qui paroissent indignes non seulement de ceux qui aiment Dieu plus que toutes choses,
mais generalement de tous les êtres
qui sont plus nobles que les corps.

Ainſi l'on ne peut raiſonnablement douter que les Juïfs qui du
temps des Apôtres deſiroient le
Meſſie, & qui le croyoient proche,
ne fuſſent tres-diſpoſez à le recevoir tel que les Apôtres le leur dé-
crivoient, pourveu que l'amour des
choſes ſenſibles ne les empêchât
point de le ſuivre.

Voyez-vous, Ariſtarque, Dieu diſpoſe toûjours les choſes de telle
maniere que ceux qui l'aiment le
trouvent toûjours ; il laiſſe des ve-
ſtiges aprés lui que ceux - là récon-
noiſſent bien qui ſont animez de la
charité. Et ſi les faux Prophetes
font des miracles en confirmation
de leurs menſonges, c'eſt que Dieu
tente les hommes pour diſcerner
ceux qui l'aiment : car ceux qui l'aiment ne s'y trompent pas.

Jesus-Christ eſt tellement caché dans les Ecritures que ceux qui
ne l'aiment pas ne l'y trouvent pas.
Il n'eſt pas ſeulement venu pour
éclairer les aveugles, il eſt venu
auſſi pour aveugler les ſages : il eſt
venu

venu pour réprouver tout ce qui est éclatant selon le monde : car tout ce qui est grand dans le monde est en abomination devant Dieu. Enfin il est venu évangeliser les pauvres, les simples, les ignorans, & laisser là ceux qui se contentent de leurs richesses & de leur lumiere.

Il y a bien des obscuritez dans les Ecritures, mais il y a bien des choses extremement claires ; les gens de bien s'arrêtent aux choses claires , & respectent les obscures , la raison le veut ainsi. Les prétendus esprits forts & les impies, qui sont fâchez de voir ce qu'ils n'aiment pas, tâchent d'obscurcir la lumiere par les tenebres ; ils se font des nuages pour se la cacher , & enfin ils y reüsciffent.

Si Jesus-Christ étoit venu dans l'éclat, comme il viendra dans son second avenement ; si les Propheties étoient tellement évidentes qu'on ne pût s'empêcher de les recevoir ; enfin si la Religion Chrétienne étoit telle qu'on en récon-

K

nût la vérité ſans aucune application de l'eſprit & ſans aucun amour
pour Dieu ; les negligens & les méchans récevroient une grace qu'ils
ne meritent pas. Dieu ne ſe donne
qu'à ceux qui l'aiment, la verité ne
ſe découvre qu'à ceux qui la cherchent : car s'il eſt juſte de s'appliquer à un probleme pour en trouver
la réſolution ; il eſt neceſſaire que
le ſouverain bien, que la plus grande des veritez ſoit telle, qu'on ne
la réconnoiſſe pas ſans la chercher
avec quelque ſoin.

Les hommes eſtiment peu ce
qu'ils acquierent ſans peine, ils
aiment peu ce qu'ils n'ont point
deſiré. Ainſi Jesus - Christ qui
nous eſt ſi neceſſaire devoit ſe faire
deſirer & ſe faire chercher pour ſe
faire trouver ; & il étoit bon qu'il
fût caché de telle maniere qu'on
ne pût le chercher ſans le trouver.

Certainement toutes les obſcuri-
tez qui ſont dans les Propheties ne
peuvent empêcher qu'on ne récon-

noiſſe évidemment que le Meſſie eſt
venu. Il y a tant de ſiecles que le
temps marqué eſt paſſé, que les miracles ne ſont plus neceſſaires. Les
miracles étoient neceſſaires lors que
les Apôtres préchoient JESUS-
CHRIST, parce que le temps de
l'avenement du Meſſie n'étoit pas
ſi préciſement marqué qu'on ne pût
encore l'attendre.

Si dans la vie de JESUS-CHRIST
on trouve des choſes qui paroiſſent
étranges. Si par exemple ſa condamnation à la mort par les Princes des Prêtres ſemble indigne du
Meſſie ; ces choſes mêmes le doivent faire récevoir, parce qu'elles
ont été prédites & qu'étant êtran-
ges on ne les peut rapporter à d'autres qu'à lui.

Si tous les Juifs avoient receu
JESUS-CHRIST, dés qu'il a parû,
peut-être que les Juifs qui vivent
préſentement, les Mahometans &
les Payens auroient raiſon de douter qu'il fût le vrai Meſſie, ils pour-
roient croire que les Ecritures au-

roient été corrompuës. Mais les
Juïfs s'étant toûjours opposez à Jesus-Christ. Ces ennemis de la foi
en font des témoins irreprochables,
& l'on ne peut fans folie s'imaginer
que les Livres que reçoivent les
Juïfs ayent été corrompus en nôtre
faveur.

Mais fi l'Ecriture fainte n'eft point
corrompüe dans les chofes effen-
cieles ; s'il eft certain que c'eft un
Livre dont l'autorité n'a point été
établie par la force des armes ou
par des miracles douteux ; s'il eft
évident que le fens litteral n'en eft
point le principal ; on ne peut douter de la verité de la Religion Chrêtienne, parce que l'on y trouve Jesus-Christ par tout, lors qu'on
n'eft point Juif, je veux dire lors
qu'on n'a point d'amour pour les
biens fenfibles, & qu'on n'a point
d'oppofition formele à recevoir
Jesus-Christ.

Il n'y a rien de plus confolant,
Ariftarque, pour un homme qui
defire les vrais biens, qui fe regarde

ici bas comme dans une terre étran-
gere, qui fent inceſſament ſa miſere interieure & la guerre que lui
font ſes ennemis domeſtiques : Il
n'y a, dis-je, rien de plus conſo-
lant ni de plus inſtruiſant tout enſemble pour un Chrètien que la lecture des Livres ſaints. Car tout
ce qui eſt écrit a été écrit pour nôtre inſtruction, afin que nôtre eſperance ſe fortifie par la patience
& par la conſolation que les Ecritures nous donnent.

On s'y trouve par tout dépeint
tel que l'on eſt, ou pecheur ou puni.
Mais Dieu par ſa pure miſericorde
ſe ſouvient toûjours de la promeſſe
qu'il a faite à Abraham. Il ſauve
ſon peuple quoi-qu'il ne le merite
pas : car il en a juré par lui-même.
Il le rétire de la captivité de Pha-
raon, il l'introduit dans la terre
promiſe, mais il ne détruit pas entierement les Cananéens juſqu'au
jour que le Roi Salomon ſe rend
maître de tous les ennemis d'Iſraël.

Qui ne voit ce que ces choſes ſi-gnifient ?

Je ne puis pas, Ariſtarque, vous expliquer en détail les Propheties & les figures qui ſont dans l'ancien Teſtament pour la confirmation du Nouveau. Je ne prétends pas vous ôter le plaiſir de les découvrir par vous-même. Les choſes que j'ai dites ſuffiſent pour vous exciter à lire en Chrêtien l'Ecriture, & je n'en veux pas davantage. C'eſt aſ-ſez que vous les liſiez : vous les en-tendrez autant qu'il ſera neceſſaire pour vous confirmer dans la verité de la Religion, & pour en perſua-der vôtre ami s'il eſt docile.

Je ſuis certain qu'Eraſte ne ſera pas fâché de ſe joindre à vous dans cette étude. Je voi bien qu'il a de l'amour pour la religion; & il eſt aſſez temps qu'il s'applique tout entier à des choſes qui ſont ſeules capables de le rendre heureux au-tant qu'on le peut être en cette vie.

On ne peut être heureux que par la possession du vrai bien : mais en cette vie on ne peut posséder le vrai bien que par l'esperance : On ne peut donc être heureux en cette vie qu'en évitant tout ce qui affoiblit l'esperance , & qu'en récherchant tout ce qui la fortifie.

Ainsi mal-heur à ceux qui s'unissent aux corps & qui en joüissent, ils affoiblissent leur esperance. Mais qu'Eraste est heureux s'il les méprise , & si par l'étude de la Religion & de la Morale Chrétienne, il augmente de telle maniere son esperance que les biens futurs lui soient comme présens , & que l'avant-goût des biens éternels soit plus fort en lui que le goût des biens qui passent.

ENTRETIEN VII.

*Que la Morale Chrétienne eſt
tres-utile à la perfection
de l'Eſprit.*

ARISTARQUE. Je vous at-
tendois, Theodore, pour vous
faire part de ma joie ; car enfin j'ai
trouvé le ſecret de me faire écouter
de mon ami. Je ne parle plus à ſes
oreilles ; je parle, pour ainſi dire, à
ſon cœur. Je lui ai fait comprendre
la plûpart des choſes dont nous-
nous ſommes entretenus , & il en
paroît fort ſatisfait.

Voici comment toutes choſes ſe
ſont paſſées. J'avois été ſi fort cho-
qué de ſa ſtupidité & de ſa brutalité
la derniere fois que je le vis , qu'en
révenant chez moi je me diſois ſans
ceſſe ces paroles de Jesus-Christ,
Mat.7.6 *Ne jettez point vos perles devant les
pourceaux* & le reſte. Cela me con-

foloit d'une confolation affez fenfible, parceque l'indignation & la
vangeance y avoient quelque part:
car je vous avoüe que j'étois un peu
en colere, & que je commençois
déja à reffentir du chagrin de ce
que j'avois tant aimé une perfonne
qui me paroiffoit fi infensée.

Comme je m'étois donc fort entretenu de cette parole de JESUS-
CHRIST que je viens de vous dire,
je ne me fuis pas plûtôt trouvé devant mon ami, qu'elle s'eft répre-
fentée à ma memoire; & je ne fçai
comment je me fuis perfuadé que je
manquerois de refpect aux paroles
de l'Evangile fi je lui parlois davantage des veritez de la Religion:
de forte que j'étois en fa préfence
fans lui rien dire. Mais fi mon efprit ne difoit rien par le fon de mes
paroles, mon cœur parloit apparemment par l'air de mon vifage;
& mon ami pouvoit bien croire
que je ne l'étois pas venu voir de fi
bon matin pour lui donner feulement le bon jour.

K v

D'un autre côté, comme mon ami
dans le fond a de la douceur & de
l'honêteté, je ne puis douter qu'il
ne ſe fût repenti de la maniere dont
il m'avoit répondu , & qu'il n'eût
repaſſé dans ſa memoire les choſes
que je lui avois dites d'une maniere,
ce me ſemble, aſſez forte & aſſez
claire pour le convaincre s'il y
avoit fait réflexion. Me voyant outre cela chez lui de ſi bon matin
aprés des paroles qui devoient m'en
avoir chaſſé pour long-temps ; il
ne ſe peut faire de l'humeur que je
le connois, qu'il ne fût touché de
mon zele & de ſa legereté.

Enfin ſoit qu'il ait été ébranlé
par les raiſons que je lui avois dites , ſoit qu'il ait été touché par
quelques ſentimens d'amitié & de
réconnoiſſance , il a commencé
aprés un ſilence de quelques mo-
mens par un aveu de ſa faute & de
ſon chagrin; & m'a prié de lui ré-
peter les preaves que je lui avois
dites de la Religion Chrêtienne;
m'aſſurant qu'il y avoit fait ré-

flexion , & que toutes imparfaites qu'elles lui étoient resteés dans la memoire il y avoit trouvé beaucoup de solidité & de lumiere. Je faisois d'abord difficulté de lui répondre me souvenant toûjours de la parole de JESUS-CHRIST : mais voyant qu'il continuoit & avec chaleur & avec empressement de m'interroger , j'ai creu qu'il étoit disposé à m'écouter : je lui ai donc répondu, & il a reçeu sans contestation les mêmes choses qu'il avoit réjettés avec mépris.

THEODORE. Vous voyez par cela même. Aristarque , que la conduite de Dieu est admirable , & qu'il étoit à propos que JESUS-CHRIST se fît attendre durant plusieurs siecles, & qu'il se cachàt dans les Ecritures pour ceux qui ne se soucient pas de le trouver.

On reçoit toûjours bien ce que l'on desire,& l'on trouve avec plaisir ce que l'on cherche avec ardeur, Vôtre ami ne voyoit point il y a deux jours la verité que vous lui proposiez , parce qu'il ne la cherchoit pas : mais il l'a réconnuë parce qu'il l'a desirée; & il l'a réconnuë avec plaisir, s'il l'a récherchée avec empressement.

Oüi, Aristarque, si les hommes ne connoissent point Dieu , c'est qu'ils ne s'en mettent point en peine , & s'ils ne voient point la verité de la Religion Chrêtienne , c'est que l'amour des choses sensibles les préoccupe, & leur donne de l'aversion pour une religió qui le détruit.

Toutes les passions se justifient, elles parlent sans cesse pour leur conservation & ceux qui les écoutent, se trouvent si fort touchez de compassion en leur faveur, qu'ils méprisent les loix qui condamnent ces crimineles à la mort. En effet il n'y a rien de plus méprisable, selon le rapport des passions que la Religion Chrêtienne. L'Evangile n'a rien d'agreable, il ne prêche que le rénoncement aux plaisirs, & Jesus-Christ condamne par l'exemple de sa vie & de sa mort la con duite de ceux qui s'arrêtent aux choses sensibles.

Ceux donc qui n'ont de l'estime que pour les objets de leurs sens; ceux qui suivent aveuglément les mouvemens de leurs passions ; les voluptueux, ou pour parler comme JESUS-CHRIST, les pourceaux font incapables de réconnoître la verité de la Religion & de goûter les vrais biens. Le Royaume de Dieu est une perle pour laquelle ils ne veulent point vendre tout ce qu'ils possedent , ils n'en sçavent point le prix.

Ainsi JESUS CHRIST deffend que l'on propose les biens futurs & que l'on explique les sacrez mysteres à ces miserables ; parce qu'ils n'en sont pas capables. Il suffit de les menacer de la part de Dieu, de les effrayer par l'idée de l'Eternité, ou même par la crainte des maux temporels. Mais lors qu'ils sont en pénitence qu'ils se privent des plaisirs, qu'ils cessent d'être pourceaux, il est utile de leur expliquer les myſteres de la religion & les ſecrets de l'Evangile ; car étant devenus brebis ils écoutent & diſcernent bien la voix du vrai Paſteur de leurs ames.

C'eſt pour c'es raiſons & pour pluſieurs autres que vous comprendrez peut-être par la ſuite de nos entretiens que je n'approuvois pas fort le deſſein que vous aviez de rédire toutes choſes à vôtre ami ; je craignois pour vous & je n'eſperois rien de lui: mais Dieu qui diſpoſe des cœurs a récompenſé vôtre charité & vôtre zele, & vous l'en devez remercier.

Juſques ici nous nous ſommes entretenus des preuves qui regardent la verité de la religion ; & je penſe que ce que j'ai dit, ſuffit pour perſuader les perſonnes raiſonnables, qu'il n'y a point dans le monde d'autre religion que la Chrétienne qui ſoit capable de rétablir l'ordre que le peché a renverſé, qu'il n'y a qu'un Homme-Dieu qui puiſſe ſatisfaire à Dieu , nous réconcilier avec Dieu, nous donner accez à Dieu, qui puisse, en un mot rendre à Dieu un culte digne de lui.

Il est temps que je vous fasse voir que la Morale Chrêtienne est parfaitement, conforme à la raison, & que dans l'état où le peché nous a reduits on ne peut rien préscrire de plus utile, pour rétablir l'ordre des choses, que les préceptes & les conseils que Jesus-Christ nous a donnés, qui regardent la priere, & la privation des choses sensibles ; car je n'en suppose point d'autres.

Je vous prie, Aristarque, de bien prendre garde à tout ce que nous dirons dans la suite ; car vous devez plûtôt instruire vôtre ami des choses qui regardent le reglement des mœurs que des veritez speculatives, dont l'homme animal & charnel n'est pas capable.

J'interroge, Eraste, car il y a trop long-temps que je le laisse en repos. Vous souvenez-vous, Eraste de ce que nous avons dit de la fin & de l'ordre que Dieu s'eſt propoſé dans la création de l'homme, & en êtes-vous convaincu ?

ERASTE. Je m'en ſouviens & j'en ſuis convaincu. Je croi que Dieu n'agit que pour lui ; que s'il fait un eſprit, c'eſt pour le connoître ; & que s'il fait une volonté c'eſt pour l'aimer.

Cét ordre me paroît ſi neceſſaire que je ne croi pas que Dieu conſerve aucun eſprit qui ne le connoiſſe & qui ne l'aime en quelque façon. Je croi qne l'union que les eſprits ont avec Dieu par leur connoiſſance & par leur amour ne ſçauroit ſe rompre entierement ſans les aneantir.

Car que ſeroit-ce qu'un eſprit qui ne connoîtroit rien & qui n'aimeroit rien ? mais tout eſprit qui connoît & qui aime ne connoît & n'aime que par l'union qu'il a avec Dieu, puis qu'il n'eſt pas à lui même ſa lumiere, & que le mouvement qu'il a vers le bien en general, qui le rend capable d'aimer les biens particuliers , ne vient pas de lui ni de rien qui foit au deffous de lui.

T h e. Il eſt vrai, Eraſte, tous les eſprits ſont eſſencielement unis à Dieu , ils n'en peuvent être entierement ſeparez ſans ceſſer d'être. Mais quelle doit être leur union avec Dieu afin qu'ils ſoient auſſi heureux & auſſi parfaits qu'ils le peuvent être ?

E r a. Il eſt évident que cette union doit être la plus étroite qui ſe puiſſe , car Dieu ſeul eſt le ſouverain bien des eſprits.

T h e. Ainſi Eraſte nous devenons d'autant plus parfaits que l'union que nous avons avec Dieu s'augmente & ſe fortifie davantage. Les damnez ne ſont unis à Dieu qu'autant qu'il le faut, afin qu'ils en reçoivent l'être ; Mais les Bien - heureux ſont unis à Dieu d'une maniere ſi parfaite qu'ils en reçoivent non ſeulement l'être, mais encore la perfection de l'être.

Voyons donc, Eraſte, en quoi confiſte cette eſpece d'union avec Dieu par laquelle nous recevons toute la perfection dont nous ſommes capables en cette vie.

E R A. J'ai appris Theodore dans vos entretiens & par la lecture du livre de la Récherche de la Verité* que Dieu ſeul eſt la veritable cauſe & le veritable moteur tant des corps que des eſprits,& que les cauſes natureles ne ſont que des cauſes occaſionneles qui déterminent la veritable cauſe à agir en conſequence de ſes volontez éterneles.

Je ſuis perſuadé que je ne puis être uni aux corps qui m'environnent & à celui que j'anime & que je tranſporte que parce que je ſuis uni à Dieu : * car tous les corps ne peuvent par eux-mêmes agir dans mon ame & ſe rendre viſibles à elle, de même que mon ame n'a point par elle-même la force de mouvoir aucun corps ; puis qu'elle ne ſçait pas même ce qu'il faut faire pour remuër ſon bras. Ainſi, Theodore, ſi je vous parle & ſi je vous entends,

* Ch. 8. du dernier Liv.

* Entretien 1.

ſi mon eſprit s’unit au vôtre , ou mon corps à vôtre corps, c’eſt Dieu ſeul qui en eſt la veritable cauſe. C’eſt le lien de toutes les unions que je puis avoir à tous ſes ouvra-ges. Il n’y a que lui à qui je puiſſe être immediatement uni, puis qu’il n’y a que lui qui puiſſe agir imme-diatement en moi & que je n’agis que par lui.

Mais Theodore je puis être uni à Dieu & m’arrêter à lui, & n’avoir en cela d’autre rapport qu’à lui ; & je puis être uni à Dieu par rapport à quelqu’autre choſe qu’à Dieu ; car ſi je penſe aux idées abſtraites des choſes, je ſuis uni à Dieu par ma penſée puis que je ne voi ces choſes que par l’union que j’ai avec Dieu*; mais cette union ne me lie point aux créatures. Au contraire ſi je ſens les biens ſenſibles, je ne les ſens qu’à cauſe que je ſuis uni à Dieu, & que Dieu agit en moi† : car tous les corps ſont inſenſibles par eux-mê-mes, mais cette ſeconde union que j’ai avec Dieu me lie aux choſes ſen-

* Entre-tien 3.

† Entre-tien 1. & 2.

ſibles, car Dieu unit entr'eux tous ſes ouvrages, & il n'y a que lui qui ſoit le lien de toutes les unions.

Je croi donc que l'union que nous avons avec Dieu ſoûtient nôtre être, & que nous ne ſerions point ſans elle. Mais je ſuis perſuadé que l'u-nion qui ne nous attache qu'à Dieu & qui ne ſe rapporte point à autre choſe qu'à lui, eſt celle qui nous don-ne toute la perfection dont nous ſommes capables.

T H E. Vous ſouvenez-vous bien, Eraſte, que l'Auteur de *la Récherche de la Verité* fait voir * que nos ſens ne nous répreſentent jamais les choſes comme elles ſont en el-les-mémes, mais ſeulement ſe-lon le rapport qu'elles ont avec nous, & qu'ainſi toutes les connoiſ-ſances ſenſibles ſont utiles pour la conſervation & pour la commodité de la vie, mais entierement inutiles à la perfection de l'eſprit, & à la connoiſſance de la verité ?

E R A. Je m'en ſouviens, Theodo-re, & je ne l'oublierai jamais : car

*1. Livre

c'eſt ce qui m'a perſuadé que de toutes nos connoiſſances il n'y a que
celles qui ſont purement intellectueles qui nous rendent plus parfaits. En effet ce n'eſt que par ces
ſortes de connoiſſances que nous
voyons en Dieu les choſes telles
quelles ſont.

Lors que nous ſentons les choſes
nous ne les voyons point en elles-
mêmes, nous n'en avons aucune
connoiſſance, & même dans la verité ce ne ſont point les objets ſenſibles que nous ſentons, c'eſt nous-
mêmes, car nos ſenſations nous ap-
partiennent & non aux objets auxquels on a de coûtume de les attri-
buër. Comment donc nos ſens pourroient-ils nous conduire à la connoiſſance de la verité, puis qu'on ne
connoît la verité que lors qu'on
voit les choſes telles quelles ſont?

T H E. Si vous-vous ſouvenez auſſi
de ce qui eſt dans ce même livre qui
regarde les erreurs de l'imagination
& des paſſions ; vous devez tomber
d'accord que non ſeulement les ſens

& l'imagination nous empêchent de découvrir la verité, mais encore que nos paſſions nous éloignent du vrai bien ; en un mot que toutes les penſées & tous les mouvemens de l'ame, qui s'excitent en nous à cauſe de quelques changemens qui ſe paſſent dans nôtre corps, nous deſuniſſent d'avec Dieu pour nous unir aux corps ; car enfin il eſt à propos que l'ame qui doit veiller à la conſervation de ſon corps ſoit avertie de penſer à lui, lors qu'il lui arrive quelque choſe de nouveau.

ER A. Je demeure d'accord de toutes ces choſes.

TH E. Suppoſons donc qu'il n'arrive jamais de changement dans le cerveau que l'ame ne reçoive quelque penſée qui la détourne de la vûë de la verité & de l'amour du vrai bien, & qui ne la deſuniſſe d'avec Dieu pour l'unir aux corps. S'il eſt certain que la perfection de l'eſprit conſiſte dans la connoiſſance de la verité & dans l'amour du vrai bien, en un mot dans l'union avec

Dieu qui n'a point de rapport à autre chofe qu'à lui ; Je vous demande
dans l'état où nous fommes, où nous
ne pouvons point empêcher la communication des mouvemens ni que
les corps qui nous environnent ne
pénetrent & n'agitent le nôtre, que
devons-nous faire afin de tendre
fans ceffe à nôtre perfection ? Ne
confultez point l'Evangile ; confultez feulement vôtre raifon.

Il eft évident que nous devons
par la fuite éviter l'action des corps
qui nous environnent, que nous devons mortifier nos fens, & fermer
autant que nous le pouvons toutes
les entrées par lefquelles les objets
fenfibles viennent troubler la raifon.

Lors que nous ne pouvons arrêter le mouvement des corps qui
font capables de nous bleffer , nous
ne manquons pas d'en éviter le coup
en baiffant la tête : ainfi ne pouvant arrêter l'action des objets fenfibles , nous devons les éviter par
la fuite , de même que l'on fe garan-

tit des maladies contagieuses en
changeant d'air.

Si un insecte nous picque nous
perdons de veüe les veritez les plus
solides. Si une mouche bourdonne
à nos oreilles, les tenebres se répandent dans nôtre esprit. Que faire
pour rétenir la verité qui s'échappe
& pour conserver la lumiere qui se
dissipe ? tüer tous les insectes & chasser toutes les mouches ? mais cela
ne se peut. Il faut donc aller ailleurs:
car enfin il est impossible que les
sensations, qui partagent la capacité que nous avons de penser , ne
nous empêchent de découvrir la
verité.

T H E. Vous commencez peut-
être, Aristarque , à réconnoître par
les choses que nous venons de dire
& par cette derniere réponse d'Eraste que les conseils de Jesus-Christ
qui regardent la mortification de
nos sens sont les plus justes qui se
puissent pour nous reünir avec Dieu
par la connoissance de la verité.

A r i. Il est vrai : Mais j'apprehende

prehende que vous n'attribuiez à
la doctrine de l'Evangile des perfections que Jesus-Christ n'a pas
eu deſſein de lui donner. Car apparemment Jesus-Christ n'a pas
eu deſſein de nous donner des préceptes pour régler nôtre eſprit dans
la récherche de certaines veritez
dont on ſe peut fort bien paſſer en
ce monde.

Th e. J'avoüe, Ariſtarque, que
le principal deſſein de Jesus-Christ
n'a pas été de nous inſtruire de certaines veritez ſpeculatives qui ne
conduiſent point par elles-mêmes
à la connoiſſance & à l'amour de
la ſouveraine verité. Mais c'eſt que
les préceptes de l'Evangile ſont ſi
utiles qu'ils s'étendent à toutes les
choſes, qui ſont capables en quelque maniere d'augmenter la perfection de l'eſprit; car ils ſont directement oppoſez à la cauſe de nos
deſordres, ils rémedient à nos maux
dans leur origine; ainſi ils tendent
à nous donner toute la perfection
dont nous ſommes capables : car

la privation des choses sensibles
n'est pas seulement necessaire pour
la conversion du cœur , mais aussi
pour la perfection de l'esprit. Vous
le verrez mieux dans la suite.

Croyez-vous, Eraste , qu'il n'y
ait que les sentimens actuels qui
empêchent l'esprit de s'appliquer à
la verité , & qu'un homme qui a
goûté quelques années les plaisirs
du monde puisse en les quittant s'u-
nir aux choses intellectueles avec
autant de force & de lumiere que
ceux qui ont veillé toute leur vie
à la pureté de leur imagination ?

ERA. Non certainement, on ne
goûte pas les plaisirs impunément.
Lors que l'imagination a été frap-
pée de quelque chose de sensible,
elle en demeure blessée ; & il suffit
de joüir des plaisirs pour en devenir esclave. Il demeure dans le cerveau des traces qui réprésentent
sans cesse à l'esprit les plaisirs qu'il
a goûtez & qui l'empêchent bien-
souvent de s'appliquer, à des choses
qui n'ont point d'attrait sensible.

Lors que l'imagination est salie
l'esprit est donc rempli de tenebres,
parce que la concupiscence qui seule
détourne l'esprit de la veüe de la
verité est fortifiée & augmentée de
cette nouvele concupiscence que
l'on acquiert par l'usage des choses
sensibles.

T H E. Que faut-il donc faire,
Eraste, pour se rendre capable de
cette perfection de l'esprit, qui con-
siste dans la connoissance de la
verité?

E R A. Cela est clair. Il faut éviter avec soin tout ce qui est capable de faire dans le cerveau des traces profondes. Il faut pour me servir de vôtre expression, veiller sans
cesse à la pureté de son imagination.

A R I. Mais, Theodore, il ne faut
donc point faire pénitence, car les
sentimens pénibles partagent aussi
bien la capacité de l'esprit que ceux
qui sont agreables?

T H E. Non, Aristarque, il ne
faut point se donner la discipline
si l'on veut résoudre un probléme,

cela n'éclaire pas l'eſprit. On ne peut ſentir actuelement de la douleur & voir actuelement la verité. Mais les ſouffrances quoi-qu'inutiles pour la connoiſſance de certaines veritez, ſont tres-utiles pour nous détacher des choſes ſenſibles, pour ſatisfaire à la juſtice de Dieu étant jointes à celles de nôtre chef, pour nous meriter la veüe de la ſouveraine verité qui diſſipe toutes nos tenebres, & pour nous apprendre même certaines veritez de Morale, auxquelles on ne penſe point lors qu'on ne ſouffre rien.

Mais, Ariſtarque, ne voyez-vous pas que les traces des ſouffrances qui reſtent dans la memoire ne la ſaliſſent pas comme celles des plaiſirs? Ne voyez-vous pas qu'elles n'irritent point la concupiſcence, qu'elles n'inquiétent point l'eſprit, qu'elles ne partagent point ſon attention, & qu'ainſi elles ne l'empêchent point de découvrir la verité?

On ceſſe facilement de penſer à

la douleur dés qu'on cesse de la souffrir, & qu'il n'y a point sujet de la craindre, parce que la douleur n'a rien d'agréable. Mais ce n'est pas la même chose des plaisirs qu'on a une fois goûtez, leurs traces demeurent fortement imprimées dans le cerveau, elles excitent à tous momens des desirs importuns qui troublent la paix de l'esprit & ces desirs rénouvelant ces traces, la concupiscence qui est l'origine de tous nos maux, de l'inapplication de l'esprit a la verité, aussi-bien que de la corruption du cœur, réçoit sans cesse de nouveles forces.

ARI. Vous avez raison. Mais cependant nous voyons qu'il y a bien de sçavans qui ont été toute leur vie dans la debauche, & qui s'abandonnent sans cesse à toutes sortes de plaisirs.

THE. Il n'y en pas tant, Aristarque, que vous le pensez, car il y a bien des faux sçavans. Pour être veritablement sçavant il faut voir la verité clairement & diſtinctement, il ne ſuffit pas d'avoir beaucoup de lecture, car l'eſprit ne ſçait rien s'il ne voit rien. Les plaiſirs s'ils ne ſont exceſſifs n'empêchent pas qu'on ne liſe, il n'y a que les paſſions violentes qui troublent la memoire & l'imagination, mais il ne faut preſque rien pour troubler la vûë de l'eſprit. Les ſçavans dont vous parlez font plus d'uſage de leur memoire & de leur imagination que de leur eſprit ; & je vois tous les jours que ceux que vous eſtimez le plus pour leur érudition ſont des gens dont l'eſprit eſt ſi petit, ſi troublé, ſi diſſipé, qu'ils ne ſont pas capables d'entrevoir des veritez qu'Eraſte comprend ſans peine.

Faites-y réflexion, Ariſtarque, il y a bien de la difference entre la ſcience qui dépend de l'étenduë de la memoire & de la force l'imagination, & celle qui conſiſte dans une vûë purement intellectuele dans laquelle l'imagination n'a part qu'indirectement.

Toutes les idées pures s'évanoüis-
fent & fe diffipent à la préfence des
idées fenfibles. Nous n'entendons
point la voix de la verité lors que
nos fens & nôtre imagination nous
parlent;car nous aimons beaucoup
mieux fçavoir confufément les rapports que les chofes ont avec nous,
que de connoître clairement les
rapports qu'elles ont entr'elles;nous
fommes tellement dependants des
corps, & fi peu unis avec Dieu, que
la moindre chofe nous en fépare.

Mais la connoiffance fenfible & la
vuë de l'imagination étant foûte-
nuës par les traces du cerveau,elles
peuvent réfifter à des fonctions contraires :Les idées de ces connoiffances ont,pour ainfidire,du corps,elles
ne fe diffipent pas facilement: ainfi
la rétraite & la privation de tous
les plaifirs n'eft point abfolument
neceffaire pour acquerir toutes les
connoiffances dans lefquelles on
fait plus d'ufage de fes fens & de
fon imagination que de fa raifon.

Si Mr. Defcartes eft devenu fi

ſçavant dans la Geometrie, dans la Phyſique & dans les autres parties de la Philoſophie , c'eſt qu'il a paſſé vingt-cinq ans dans la retraite, c'eſt qu'il a parfaitement reconnu les erreurs des ſens, c'eſt qu'il en a évité avec ſoin l'impreſſion , c'eſt qu'il a fait plus de meditations que de lectures : En un mot c'eſt que tenant à peu de choſes il a pû s'unir à Dieu d'une maniere aſſez étroite pour en récevoir toutes les lumieres : Voilà ce qui l'a rendu veritablement ſçavant.

Que s'il ſe fût encore davantage détaché de ſes ſens, que s'il eût encore été moins agité de ſes paſſions, que s'il eût encore été moins engagé dans le monde, & qu'il ſe fût autant appliqué à la récherche de la verité , il eſt certain qu'il auroit pouſſé bien plus avant les ſciences qu'il a traitées, & que ſa Metaphyſique ne ſeroit pas telle qu'il nous l'a laiſſée dans ſes écrits.

A R I. Mais, Theodore, à préſent que tant d'habiles gens ont écrit

de la Philofophie, des Mathemati-
ques & des autres fciences, il fuffit
de lire leurs ouvrages. Les fçavans
dont je vous parle fçavent Defcartes comme Defcartes même. L'ami
que je prétends convertir le fçait fi
parfaitement, qu'on ne peut rien lui
dire de cét Auteur qu'il ne fçache &
dont il ne montre incontinent l'en-
droit d'où il eft tiré : cependant il
ne fonge depuis le matin jufqu'au
foir qu'à fe divertir, il ne medite jamais, il lit un livre en trois jours &
il le fçait. La rétraite n'eft donc
point neceffaire pour la fcience ?

T h e. Non, Ariftarque, pour la
fcience qui réfide dans la memoire
& qui n'éclaire point l'efprit. Penfez-vous que ces perfonnes qui ré-
tiennent fi facilement les opinions
des autres en voient la verité ? Penfez-vous que vôtre ami fçache Defcartes, ou plûtôt penfez-vous qu'il
voie ce que voyoit Defcartes ?
Si vous le penfez, vous-vous trompez. Je croi que vôtre ami fçait
mieux toutes les paroles dôt Defcar-

L v

tes s'eſt ſervi que Deſcartes même.
Je croi qu'il récite mieux l'opinion
de Deſcartes que Deſcartes même.
Je croi enfin ſi vous le voulez qu'il
eſt plus propre à faire un homme
Carteſien, à éclairer l'eſprit de ceux
qui l'écoutent & à les faire entrer
dans les ſentimens de Deſcartes que
Deſcartes même. Cependant je ne
croi pas qu'il ſçache veritablement
Deſcartes.

La Philoſophie de Deſcartes eſt
dans ſa memoire & dans ſon imagination, & c'eſt pour cela qu'il en
parle bien: mais je ne croi pas qu'elle ſoit dans ſon eſprit, & c'eſt pour
cela qu'il ne voit pas & qu'il n'ap-
prouve pas les ſentimens qui en ſont
des ſuites neceſſaires.

Il ſemble que ce ſoit un paradoxe
qu'un homme qui ne connoît point
une verité ſoit quelquefois plus capable de la perſuader aux autres,
que celui qui la ſçait exactement,
& qui l'a découverte lui-même; cependant ſi vous conſiderez qu'on
n'inſtruit les autres que par la pa-

role, vous verrez bien que ceux qui ont quelque force d'imagination & une memoire heureuse peuvent en rétenant ce qu'ils ont lû s'expliquer plus clairement que ceux qui sont accoûtumez à la meditation & qui découvrent la verité par eux-mêmes.

Ainsi, Aristarque, ne vous imaginez pas que ceux qui parlent bien de certaines veritez les voient parfaitement, cela n'est pas toûjours vrai ; il suffit qu'elles soient dans leur memoire, ou qu'ils les voient d'une vûë d'imagination ; car c'est cette vûë qui fournit des expressions vives & qui semblent beaucoup signifier quoiqu'elles ne signifient rien de distinct qu'à ceux qu'elles excitent à rentrer dans eux-mêmes.

Il y a bien de la difference entre voir & voir, entre voir aprés avoir lû, & voir aprés avoir medité ; & pour réconnoître ceux qui voient distinctement & qui possedent parfaitement une verité d'avec ceux

qui ne la poſſedent pas, il n'y a qu'à
leur propoſer quelque quéſtion qui
en dépende, car alors ceux qui voiét
clair parlent clairement, mais les
autres parlent toûjours d'une maniere qui fait connoître que la lumiere leur manque.

Examinez, Ariſtarque, vos ſçavans ſelon ce que je vous dis ici, &
vous verrez que les plus ſçavans
ſont les plus ignorans ; qu'ils ſont
les moins pénetrans & les plus temeraires ; qu'ils ne ſçavent pas même diſcerner le vrai du vrai-ſemblable, qu'ils parlent ſans concevoir
ce qu'ils diſent, & que ſouvent, dans
le temps qu'on les admire, ce qu'il
y a de plus admirable en eux, c'eſt
un jeu de memoire qui va tout ſeul,
ou dont les reſſorts ſe débandent
par l'action de l'imagination.

Vous verrez enfin que preſque
toutes leurs connoiſſances ne ſont
point accompagnées de lumiere &
d'évidence, de cette lumiere & de
cette évidence intellectuele que la
ſenſation la plus legere obſcurcit

& que le plus petit mouvement dif-
sipe ; & qu'ainsi la rétraite, la privation des choses sensibles, la mortification de ses sens & de ses passions est absolument necessaire pour
la perfection de l'esprit comme pour
la convesion du cœur.

Mais ce n'est pas là ce qui justi-
fie la Morale de l'Evangile : car Jesus - Christ n'est pas venu pour
nous apprendre les Methematiques,
la Philosophie & les autres veritez
qui par elles-mêmes sont assez inutiles pour le salut.

Toute connoissance de la verité rendant l'esprit en quelque maniere plus parfait , il falloit que
les conseils de Jesus-Christ
fussent propres pour l'acquerir.
Mais la veritable perfection de l'esprit , la voie la plus courte pour
apprendre generalement toutes les
sciences étant l'union avec Dieu,
non l'union naturele qui est sans
cesse interrompuë par les mouvemens de la concupiscence; mais l'u-
nion qu'une vûë claire & qu'un a-

mour continuël rendent indiſſoluble ; il étoit neceſſaire que les préceptes de JESUS-CHRIST nous miſſent dans la voie par laquelle on arrive à cette union.

Vous verrez au premier jour que la vie Chrêtienne eſt la ſeule qui y conduit. Je vous laiſſe cependant avec Eraſte mediter ſur les choſes que nous avons dites.

ENTRETIEN VIII.

Que la Morale Chrêtienne eſt abſolument neceſſaire, pour la converſion du cœur.

THEODORE. Hé bien, Ariſtarque, êtes vous convaincu que la rétraite, l'éloignement des affaires, la privation des plaiſirs, en un mot que la mortification des ſens & des paſſions eſt abſolument neceſſaire pour découvrir les veritez cachéez, les veritez abſtraites, les veritez ſalutaires donr la connoiſſance n'enfle point le cœur? Car je ſçai bien que le commerce du monde engage les eſprits à l'étude des ſciences qui ont de l'éclat, & que la concupiſcence donne de l'ardeur pour toutes les veritez dont on ſe peut ſervir pour ſe rendre conſiderable dans le monde.

ARISTARQUE. Ouï, Theodore, j'en ſuis convaincu. La verité en elle même paroît ſi peu de choſe, lors qu'on ſe ſent agité de quelque paſſion, & que l'on tient à quelque objet ſenſible, qu'on ne peut s'empêcher de la mépriſer : Et s'il ſe trouve pluſieurs perſonnes dans le monde qui la récherchent, c'eſt, je l'avoüe, qu'elle entre dans leurs deſſeins, & qu'ils eſperent en tirer quelque avantage. L'éclat & la gloire qui environnent les ſçavans brille à nos yeux & nous éblouït, nôtre orgueil ſecret ſe reveille & nous agite ; mais la lumiere pure de la verité n'eſt pas aſſez vive pour ſe faire ſentir dans le temps que nous ſentons quelqu'autre choſe.

ERASTE. J'ai connu certaines gens qui apparemment ne lisoient le matin que pour parler l'apres-midi : car dés qu'ils ont été éloignez du petit troupeau qui leur applaudissoit, ils ont eu une telle horreur pour les livres & pour tout ce qui s'appelle science , qu'ils ne pouvoient en entendre parler. Vous souvenez-vous de Monsieur *; Il falloit il y a trois ans qu'il prît grand plaisir à nous regenter trois ou quatre jeunes gens qui nous assemblions pour l'entendre , car il se fatiguoit tous les matins pour nous rédire de méchantes raisons qu'il prenoit dans les problémes d'Aristote. Présentement il ne lit plus. Comme nous ne l'écoutons plus avec admiration, il ne nous parle plus avec plaisir , il a même beaucoup d'aversion pour tous les discours de science : & comme il est un peu incommode , nous avons trouvé ce secret pour le chasser honêtement , que nous mettons sur le tapis quelque quéstion à résoudre.

THE. Cét exemple , Erafte, n'é-
toit pas neceffaire pour nous convaincre que les perfonnes qui tiennent à quelque chofe de fenfible ne
récherchent point la verité pour
elle-même. Vous voyez bien que
nous en fommes affez convaincus.
Vous pouvez remarquer la foibleffe
des autres hommes , & comment
leur vanité les rend miferables,
pourveu que vous vous confideriez
en leur perfonne ; car nous fommes
tous à peu prés les uns comme les
autres.

Mais, Erafte, il ne faut jamais
infpirer du mépris ou de l'éloignement pour une perfonne , fi l'on
n'eft certain qu'elle eft dangereufe
& contagieufe. Il ne faut parler
qu'en general. Vous voulez peut-
être par vôtre réflexion judicieufe
nous faire connoître que vous avez
de l'efprit. Nous le fçavions déja,
mais nous ne fçavions pas que vous
vouluffiez qu'on le fceût. Il eft difficile d'accufer les autres de vanité
fans fe condamner foi-même. On

fait les mêmes choſes ou l'équiva-
lent. Ainſi, Eraſte, obſervez ſans
ceſſe, critiquez ſans ceſſe, mais
penſez à vous, corrigez-vous, & ſi
vous ne voulez vous condamner
taiſez-vous.

Vous demeurez d'accord, Ariſtarque, que les conſeils de Jesus-
Christ ſont neceſſaires pour acquerir cette perfection de l'eſprit
qui conſiſte dans la connoiſſance
de la verité. Cependant Jeſus-Chriſt
n'eſt pas venu pour faire de nous
des Philoſophes : ſes conſeils ne
tendent qu'indirectement & à cauſe de leur univerſalité, à nous rendre ſçavans comme je vous dis hier.
Mais s'il n'a point donné à ſes Diſ-
ciples de grands préceptes de Logique pour raiſonner juſte, il leur a
appris toutes les régles neceſſaires
pour bien vivre, & il leur a donné
toutes les forces neceſſaires pour
les ſuivre. C'eſt pour cela que Jeſus-Chriſt eſt venu, ſon deſſein eſt
de rémedier au deſordre du peché,
de nous réunir à Dieu en nous dé-

tachant des corps, de nous fauver &
de nous enlever avec lui dans le
Ciel.

Nous demeurerons éternelement
tels que nous ferons dans le moment que nôtre ame quittera nôtre
corps. Si nous aimons Dieu en ce
moment, nous l'aimerons toûjours:
car le mouvement des efprits n'eft
inconftant & meritoire que durant
cette vie. Mais toutes les fçiences
humaines font par elles - mêmes
inutiles pour regler ce moment
dont dépend nôtre Eternité , elles
ne meritent point le fecours du Ciel
pour ce moment, elles ne tournent
point nôtre cœur vers Dieu. Ainfi
JESUS-CHRIST ne devoit pas nous
conduire directement à cette perfection de l'efprit, qui eft fterile pour
l'éternité & qui ceffe au moment
de la mort. Il devoit nous récommander la privation des biens fenfibles ; afin que nôtre cœur fe rem-
plît de fon amour étât vuide de toute autre chofe, afin que ne tenant à
rien dans le moment qui commence

l'eternité, nôtre amour nous portât vers celui qui eft la fource de
tous les biens.

Ne confiderons donc pas davantage les confeils de Jefus-Chrift
par rapport à la connoiffance de la
verité ; mais par rapport à cette
perfection de l'efprit qui confifte
dans l'amour du vrai bien, dans la
charité qui demeure éternelement
qui feule merite l'éternité, & fans
laquelle toutes les vertus ne font
telles qu'en apparence.

Examinons la Morale de l'Evangile par rapport au reglement des
mœurs, mais examinons-la dans
toute la rigueur poffible, afin que
n'y trouvant rien à redire, nous
foyons convaincus par raifon de
nos devoirs comme nous le fommes par la foi.

Certainement fi les chofes que
j'ai prouvées de Jesus-Christ dans
les entretiens précedens font veritables, on ne doit point héfiter
dans les veritez de la Morale. Il
faut rénoncer à fes propres volon-

tez, il faut porter sa croix tous les jours, il faut pleurer, jeûner, souffrir : Jesus-Chrit l'a dit : S'il est Dieu, s'il est sage, ses conseils nous sont tres-avantageux, cela est clair. Mais parce que nous ne pouvons être trop convaincus de la verité de ces propositions qui sont si incommodes & qui nous blessent si sensiblement ; il faut tâcher de réconnoître par nôtre propre lumiere qu'il n'y a point d'autre remede à nos maux.

Peut-être que nous ressemblerons à ces personnes dangereusement blessées qui pour conserver une miserable vie présentent aux Chirurgiens leur propre corps afin qu'ils y mettent le fer & le feu. Ils croient ces personnes à leur parole, ils esperent en leurs operations, & ils s'exposent à souffrir de grandes douleurs dans une veüe incertaine d'un bien, qui en lui-même est tres-peu considerable. Qui nous empêcheroit donc de les imiter lors que l'évidence de la raison s'accom-

modera avec la certitude de la foi?
Si nous réfuſons de croire à Jeſus-
Chriſt, ſi nous ne craignons point
l'éternité, ſi nous écoutons nos ſens
& nos paſſions, peut-être que la raiſon ſe joignant à la foi achevera
de nous convaincre : & condamnant ſans ceſſe nôtre lâcheté peut-
être qu'elle excitera en nous une
inquiétude ſalutaire. Ainſi examinons ces choſes dans leur principe.

Nous ne devons aimer que ce
qui eſt aimable, rien n'eſt aimable
s'il n'eſt bon, mais rien n'eſt bon à
nôtre égard, s'il n'eſt capable de
nous faire du bien, s'il n'eſt capable de nous rendre plus parfaits
& plus heureux ; (car je ne parle
point ici d'une eſpece de bonté qui
conſiſte dans la perfection de cha-
que choſe :) rien n'eſt capable de
nous rendre plus parfait & plus
heureux s'il n'eſt au deſſus de nous
& s'il n'eſt capable d'agir en nous.
Mais les objets ſenſibles, tous les
corps ſont au deſſous de nous ; ils ne
peuvent agir en nous, ils ne peuvent

produire en nous, ni plaisir ni lumiere, ils ne sont donc pas aimables, qu'en pensez-vous, Eraste?

ERA. Lors que j'interroge ma raison, j'en demeure d'accord; mais lors que je me sers de mes sens j'en doute. Cependant comme ma raison me répond plus clairement que mes sens, comme elle est préferable à mes sens, comme elle ne me trompe jamais, & que mes sens me trompent toûjours lors que je m'en sers pour juger de la verité; je croi que les objets sensibles sont incapables de me rendre plus parfait & plus heureux.

THE. Vous ne devez donc pas aimer les corps?

ERA. Il est vrai, cela est évident.

THE. Mais ne les aimez-vous point?

ERA. Beaucoup, Theodore, je ne suis pas ma raison, je suis mes sens, je suis mon plaisir.

THE. Ainsi, Eraste, il suffit de goûter du plaisir dans l'usage des choſes ſenſibles pour les aimer. Le plaiſir captive le cœur, il agit plus fortement ſur vous que vôtre raiſon, puis que vous aimez à cauſe du plaiſir des choſes que vous connoiſſez par la raiſon indignes de vôtre amour.

ERA. Il y a long-temps que je ſçai ce que vous me dites.

THE. Je n'en doute pas, ce n'eſt pas pour vous l'apprendre que je vous le dis, c'eſt pour vous y faire penſer. Mais je vous prie de me répondre, aimez-vous le jeu du Piquet ou de l'Ombre?

ERA. Aſſez.

THE. Aimez-vous la chaſſe?

ERA. Je n'y ai point encore été; mais je m'imagine qu'il n'y a pas grand plaiſir à courre un lievre durant trois ou quatre heures au vent, à la pluïe, au ſoleil.

ARI. Vous ne ſçavez ce que vous dites, Eraſte: c'eſt le plus grand plaiſir du monde.

THE. Prenez garde, Eraſte, qu'Ariſtarque ne juge pas de la chaſſe comme

comme vous , il l'aime & vous ne
l'aimez pas. Mais voudriez-vous
bien l'aimer ? vôtre raison vous ré-
presente-t-elle la chasse comme digne de vôtre amour ?

ERA. Non Theodore, ni ma raison ni mes sens : car quel plaisir de
poursuivre tout un jour une miserable bête , j'ai pitié de la passion
d'Aristarque.

THE. Je vous conseille donc de
n'y aller jamais , car si vous y aviez
été , vous en déviendriez peut-être
plus passionné qu'Aristarque. Il étoit
comme vous sans passion pour la
chasse avant qu'il en eût goûté le
plaisir , peut-être même qu'il en
avoit de l'aversion , mais peu à peu
par l'usage il s'y est accoûtumé &
il ne peut plus s'empêcher d'y aller.

ERA. Je le croi, je n'y irai donc
jamais, car je ne veux pas me ruiner
en chevaux & en chiens.

THE. Mais, Eraste, pourquoi joüez-
vous ? Pourquoi perdez-vous vôtre
temps inutilement ; Vous-vous ruï-
nerez encore plûtôt par le jeu que

par la chasse.

E R A. Je ne sçaurois m'en empêcher.

T H E. Il en est de vous comme
d'Aristarque, vous-vous condamnez
l'un l'autre, vous-vous faites compassion l'un à l'autre.

A R I. Il est vrai. Nous ne sommes pas fort sages Eraste & moi de
suivre ainsi les mouvemens de nos
passions : cependant je voi bien qu'il
court risque de mourir les cartes à la
main, & moi d'une chûte de cheval.

T H E. Que falloit-il donc faire afin
qu'Eraste ne devint point joüeur, ni
Aristarque chasseur: Car comme les
choses son présentement il n'y a
plus, humainement parlant, de remede qui ne soit violent.

E R A. Il falloit Theodore, que
lors qu'Aristarque se sentoit agité
par le plaisir de la chasse, il la quit-
tât aussitôt. Il me ressembleroit. Son
imagination ne seroit point remplie
de ces traces qui réveillent sans cesse
l'objet de sa passion. C'est le plaisir
que l'on trouve dans l'usage des

choses sensibles qui cause les passions & qui agite les esprits animaux; mais lors que les esprits animaux sont fort agitez, ils impriment dans le cerveau des traces profondes, ils rompent même par leur
cours violant toutes les fibres qui
leur résistent. Ainsi dés que l'on
goûte du plaisir, il faut s'examiner
& voir s'il est avantageux que les
traces de l'objet qui cause ce plaisir
achevent de se former. Si l'objet qui
cause ce plaisir est indigne de nôtre
application & de nôtre amour, il
faut s'en priver & éviter ainsi le
plaisir qui nous en rendroit esclave
par les traces qu'il graveroit dans
nôtre cerveau. Voilà je croi ce qu'il
faut faire pour empêcher que nôtre
concupiscence ne s'augmente tous
les jours.

Th e. Mais, Eraste, lors que vous
goûtez actuelement du plaisir pouvez-vous alors facilement quitter
l'objet qui le cause? Lors qu'Ariftarque se trouvoit dans la chaleur
de la chasse la premiere fois qu'il y

alla, pensez-vous qu'il fût alors fort en état de faire réflexion sur lui-même ? Le son du cor, la voix & l'action des chiens, l'agitation du cheval, & sur tout cela le plaisir qu'Aristarque trouvoit dans tous ces mouvemens divers ne partageoit-il point son esprit, sa passion ne l'emportoit-elle pas aussi-bien que son cheval à la mort du liévre ou du cerf ? & croyez-vous qu'alors il pût penser à vôtre remede, ou s'il y eût pensé croyez-vous qu'il eût bien voulu s'en servir, ou enfin s'il y eût pensé & s'il eût voulu s'en servir croyez-vous qu'il eût pû résister à la passion qui l'agitoit? Les remedes philosophiques que vous venez de donner ne sont donc pas propres, Eraste, pour empêcher que la concupiscence qui est en nous ne s'augmente.

E R A. Il est vrai, Theodore, le plus assuré de tous les remedes c'est la privation. Le plaisir nous empoisonne, il n'en faut point goûter. C'est le plus court & le plus seur.

Qui facit peccatum servus est peccati. Ioa.c.8.
Je trouve que la raison s'accommo- v. 34.
de parfaitement avec l'Evangile.
Cependant je me souviens d'avoir
gueri mon imagination & d'avoir
résisté à ma passion par l'usage des
choses qui selon ce que vous venez
de dire devoient l'augmenter. Voici
comment.

Il y a environ trois ou quatre ans
que je croyois volontiers tout ce
que j'entendois dire. Un jour il vint
ici un homme de guerre qui nous
racontoit que faisant voyage avec
un Anglois qui ne pouvoit s'empêcher de fumer, il arriva que le cheval de cét Anglois s'abbatit & lui
rompit la jambe. Cét Anglois étant
par terre, & pensant plûtôt à sa pipe
qu'à sa jambe mit aussitôt sa main
dans sa poche, & tirant sa pipe entiere s'écria de joie : Bon, bon, ma
pipe n'est pas cassée. Cette histoire
ou ce conte me frappa, & je m'ima-
ginai que la fumée du tabac étoit la
chose du monde la plus agréable,
de sorte que je me sentis agité d'une

passion violente d'en user , mais il
m'arriva comme à plusieurs autres;
je n'en eus pas plûtôt goûté que j'en
eus horreur. Ainsi Theodore vôtre
remede qui est de se priver des choses
sensibles n'est point general ; puisque l'usage du tabac m'a gueri de
la passion que j'avois pour lui , &
que lors que je n'en avois point
goûté j'en étois passionné.

Th e. Mais, Eraste, ne voyez-vous
pas qu'il faut se priver de tout ce
qui est capable de salir l'imagination ? Le commerce que l'on a avec
ceux qui parlent des corps comme
des vrais biens est capable de faire
dans le cerveau des traces qui portent à l'amour des corps aussi-bien
que l'usage même des corps. Un
yvrogne qui parle du vin comme de
son Dieu, qui méprise ceux qui ne
sçavent pas boire , & qui met entre
ses belles actions les victoires qu'il
a remportées à table contre les plus
grands débauchez de la province ;
un tel yvrogne dans sa gaie humeur
persuade sans peine un jeune hom-

me que c'eſt une belle qualité que de boire autant de vin que deux che-vaux boivent d'eau : & c'eſt pour cela que dans tous les lieux où l'on parle de ſçavoir bien boire comme d'une vertu, tout le monde boit avec excez : car ceux même qui ne trouvent point d'abord de plaiſir à boire, faiſant comme les autres, pour n'être pas le ſujet de la raillerie de leurs compagnons, ils ſe font peu à peu tellement au vin, qu'ils ne peuvent plus s'en paſſer.

Ainſi Eraſte, comme la concupiſcence réſide principalement dans les traces du cerveau, leſquelles inclinent l'ame à l'amour des choſes ſenſibles ; il faut ſe priver de toutes les choſes qui produiſent de ces traces, non ſeulement de l'uſage actuël des corps qui eſt inutile pour la conſervation de la ſanté & de la vie ; mais auſſi de la converſation des débauchez qui parlent avec eſtime des objets de leurs paſſions.

C'eſt le plaiſir Eraſte, qui agite les eſprits & qui produit des traces dangereuses , non seulement celui dont on joüit par les sens, mais aussi celui dont on joüit par l'imagination , non seulement le goût , mais encore l'avant-goût. Et quelquefois l'imagination augmente tellement toutes choses, que le plaisir qu'elle produit excite la concupiscence d'une maniere plus forte & plus vive, que celui dont on joüit dans l'usage des corps.

Les personnes qui ont l'imagination trop vive peuvent quelquefois guérir les blessures qu'elles ont receuës dans un entretien contagieux, en goûtant des plaisirs , dont on leur a donné ou dont ils se sont formés une trop grande idée. Et il y a certaines personnes timides, paresseuses & judicieuses , & d'une certaine disposition d'esprit qu'il est difficile de décrire, auxquelles il est à propos de faire voir le monde pour les en dégoûter.

Mais, Eraste, cela est rare,& il est extrémement dangereux de se familiariser avec les choses sensibles.

Vous avez horreur du tabac, vous êtes bien aise de n'être pas sujet à cette neceſſité d'en avoir toûjours avec vous ; cependant ſi vous étiez avec des gens qui en uſent ordinairement, leur diſcours & leur maniere vous engageroit peu à peu à vous en ſervir , & l'uſage vous y aſſujetiroit comme les autres : car je connois des gens qui ne peuvent s'en paſſer, leſquels ne pouvoient autrefois le ſouffrir.

ERA. Il eſt vrai Theodore que le plus grand ſecret pour réſiſter à la concupiſcence , c'eſt de veiller ſans ceſſe à la pureté de ſon imagination & de prendre bien garde qu'il ne s'imprime dans le cerveau aucun veſtige qui nous porte à l'amour des choſes ſenſibles. C'eſt rémedier au principe de tous nos déreglemens. Les conſeils de JESUS-CHRIST qui ne tendent qu'à nous priver de l'uſage des choſes ſenſibles ſont admirables ; mais ils ſont bien fàcheux. Il me ſemble que la Philoſophie fournit un remede bien

plus commode que celui de l'Evangile. Le voici.

La Philoſophie m'apprend que
tous les corps qui m'environnent
ſont incapables d'agir en moi, &
qu'il n'y a que Dieu qui cauſe en
moi le plaiſir & la douleur que je
ſens dans leur uſage. Cela étant je
puis joüir des corps ſans les aimer;
car comme je ne dois aimer que ce
qui eſt capable de me rendre plus
heureux. Je n'ai qu'à me ſouvenir
dans l'uſage des choſes ſenſibles, que
c'eſt Dieu qui me rend heureux à
leur occaſion pour exciter en moi
l'amour de Dieu. Ainſi je ne dois
point éviter les corps, au contraire
je dois les réchercher afin qu'exci-
tant en moi du plaiſir, ils me faſſent ſans ceſſe penſer à Dieu qui en
eſt la cauſe.

D'où vient que les bien-heureux
aiment Dieu conſtamment & qu'ils
ne peuvent même ceſſer de l'aimer,
ſi ce n'eſt qu'ils le voient, & qu'ils
ſont attachez à lui par un plaiſir
prévenant ? Hé bien par la Philoſo-

phie je voi Dieu, je fens Dieu en toutes chofes. Si je mange je penfe à Dieu, car c'eft Dieu qui me fait manger avec plaifir. Je n'ai garde d'aimer la bonne chere. Comme il n'y a que Dieu qui agiffe en moi, je n'aime que lui.

Th e. Vous voilà, Erafte, impeccable & confirmé en grace; car qui vous defunira d'avec Dieu ? Ce font les plus violents plaifirs qui vous y attachent le plus fortement ; & les douleurs ne peuvent produire en vous que de la crainte & du refpect pour lui. Mais vous êtes-vous fouvent fervi de vôtre remede, & n'avez-vous jamais agi contre les rémors de vôtre confcience ?

Er a. Je fens bien, Theodore, que ce remede de ma Philofophie n'eft pas fouverain, mais je vous prie de nous en expliquer les défauts.

Th e. Je le veux. Lors que vous goûtez d'un fruit avec plaifir, vôtre raifon vous dit qu'il y a un Dieu que vous ne voyez pas, qui caufe en

vous ce plaiſir. Vos ſens vous diſent au contraire, que c'eſt le fruit
que vous voyez, que vous tenez entre vos mains, & que vous mangez
qui cauſe en vous ce plaiſir : Lequel
des deux parle plus haut de vôtre
raiſon ou de vos ſens? Pour moi je
trouve que le bruit de mes ſens eſt
ſi grand, que je ne penſe pas même
à Dieu dans ce moment. Mais peut-
être qu'Eraſte eſt tellement Philoſophe, que ſes ſens ſe taiſent dés
qu'il le veut, & qu'ils ne lui parlent
jamais ſans en obtenir la licence. Si
cela eſt, vôtre remede n'eſt pas mauvais pour vous, car la privation des
corps n'eſt pas abſolument neceſſaire pour tous ceux qui n'ont point de
concupiſcence. Adam pouvoit goûter des plaiſirs ſans en dévenir eſclave, mais il auroit encore mieux
fait de s'en paſſer.

Que ceux donc qui ne ſentent
point en eux de concupiſcence, &
dont le corps eſt entierement ſoû-
mis à l'eſprit ſe ſervent de vôtre remede, il eſt bon pour eux, ils ſont

juftes par eux-mêmes, ils defcendent
en ligne droite des Préadamites.
Auffi Jesus Christ n'eft pas venu
pour eux, il n'eft pas venu pour fauver les juftes, mais les pecheurs. Il
eft venu pour nous qui fommes pecheurs, enfans d'un pere pecheur, vé-
dus & affujetis au peché, & qui fentons inceffamét dans nôtre corps la
rebellió de nos fens & de nos paffiós.

Lors que l'obligation que nous
avons de conferver nôtre fanté &
nôtre vie nous contraint de joüir
de quelque plaifir, alors il faut faire
de neceffité vertu, & fe fervir de vôtre remede fi on le peut. Réconnoif-
fant que ce ne font point les objets
qui caufent en nous ce plaifir, mais
Dieu feul, il faut l'en remercier &
le prier qu'il nous deffende de la
malignité des objets fenfibles. Il
faut en ufer avec crainte & avec une
efpece d'horreur, car fans la grace
de Jesus-Christ ce qui donne la
vie au corps donne la mort à l'ame:
vous en fçavez les raifons.

E r a. Mais pourquoi? Le plaifir

en lui même n'eſt point mauvais :
je le reçois, il ne me fait donc point
de mal. J'en rémercie Dieu, j'en
aime Dieu davantage, il m'unit
avec Dieu qui en eſt l'Auteur, il me
fait donc du bien.

T H E. L'amour de Dieu que la
joüiſſance du plaiſir cauſe en vous
eſt bien intereſſé. J'ai bien peur,
Eraſte, qu'aimant Dieu comme Auteur de vôtre plaiſir, vous ne vous
aimiez au lieu d'aimer Dieu. Mais
je veux que cét amour ne ſoit pas
mauvais, je veux auſſi que vous
ayez la force de vous élever à Dieu
dans le temps que vous joüiſſez de
quelque plaiſir : mais ce plaiſir fait
des traces dans le cerveau, ces traces agitent ſans ceſſe l'ame, & dans
le temps, par exemple, de la priere
ou de quelqu'autre occupation neceſſaire elles troublent ſon action,
elles aveuglent l'eſprit, elles excitent des paſſions. Ainſi quand même vous auriez bien uſé du plaiſir
au moment que vous le goûtiez, le
trouble qu'il répand dans l'imagi-

nation à des suites si dangereuses, que vous feriez beaucoup mieux de vous en priver.

Mais ne voyez-vous pas, Eraste, que le plaisir nous séduit, & que lors, par exemple, qu'on mange quelque chose avec plaisir l'on en mange avec excez ? Cependant le plaisir que nous sentons est une espece de récompense ; c'est Dieu qui la donne. Nous obligeons donc Dieu en consequence de ses volontez generales, qui font l'ordre de la nature, de nous récompenser pour de mauvaises actions : car c'est une chose visiblement mauvaise, ou pour le moins fort inutile, que de se remplir de vin.

Pensez-vous, Eraste, qu'il y ait des hommes assez stupides pour s'enyvrer à dessein d'honorer Dieu & de se le rendre présent par le plaisir de l'yvrognerie? Et ne voyez-vous pas que le plaisir que l'on trouve dans l'usage excessif des choses sensibles est tel qu'on ne peut le demander à Dieu sans remords? C'est

donc que ce plaifir n'eft pas infti-
tué de la nature pour nous porter
directement à Dieu, mais pour nous
faire ufer des corps autant qu'ils
nous font neceffaires pour la confervation de la vie.

Il faut aimer Dieu, parce que
la raifon fait connoître qu'il renferme dans lui tout ce qui merite
nôtre amour. Car Dieu veut être
aimé d'un amour éclairé, d'un
amour qui naiffe d'une lumiere pure, & non d'un fentiment confus,
tel qu'eft le plaifir. Dieu eft fi aimable que ceux qui le voient tel
qu'il eft, l'aimeroient au milieu des plus grandes douleurs; &
ce n'eft pas l'aimer comme il merite de l'être, que de l'aimer feulement à caufe qu'il eft le feul qui
puiffe caufer en nous des fentimens
agréables.

Un ami nous fait du mal, parce qu'il le doit; nous nous faifons
du mal à nous mêmes, lors que
nous nous puniffons de nos defor-
dres : ceffons-nous pour cela de

nous aimer, ou d'aimer nôtre ami? Non sans doute. Nous tâchons peut-être d'éviter le mal que cét ami se trouve obligé de nous faire: mais si nous voyons qu'il ne fait que ce qu'il doit, nous ne sommes pas raisonnables si nons cessons d'avoir interieurement du respect & de l'amour pour luy.

Si donc une personne pouvoit concevoir que Dieu doit cela à sa justice que de lui faire sentir de tres-grandes douleurs, elle les devroit souffrir sans cesser d'aimer Dieu. Elle n'aimeroit pas ces douleurs en elles-mêmes, mais elle en aimeroit l'auteur; car si l'auteur ne les lui faisoit pas souffrir, il en seroit moins aimable, si en cela il en étoit moins parfait.

Un criminel qui a corrompu son juge l'estime & l'aime beaucoup moins que si ce juge l'avoit puni, pourveu que ce criminel qui n'est pas assez juste pour haïr le crime dans lui-même, soit assez raisonnable pour le haïr dans un autre.

Les bien-heureux souffriroient donc
les peines des damnez sans haïr
Dieu ; parce que, quoi-que le plaisir
dont ils joüissent les tienne insepa-
rablement attachez à Dieu, ils n'aiment point Dieu à cause du plaisir
qu'ils en reçoivent, ils l'aimeroient
même dans les douleurs. Car enfin le
plaisir n'est pas tant institué pour
nous faire aimer ce qui le cause,
que pour nous y unir, puis qu'é-
tant raisonnable, c'est la raison
qui doit exciter nôtre amour.

Le plaisir nous doit appliquer à
la cause qui le produit, & le vrai
bien doit être capable de le produire, parce que le vrai bien doit récompenser tous ceux qui l'aiment
veritablement. Mais le plaisir qui
est la récompense & l'attrait de l'a-
mour des justes n'en est point la fin,
car les justes s'aimeroient au lieu
d'aimer leur bien. Dieu merite d'ê-
tre aimé en lui-même ; & tant s'en
faut que le plaisir que l'on trouve
dans l'usage des corps puisse nous
porter à l'aimer comme nous le de-

vons, que la delectation que l'on trouve dans son amour nous éloigne de lui, si nous arrêtant à sa douceur nous ne l'aimons pas pour lui-même : car alors nous nous aimons au lieu de lui.

ERA. Je réconnois qu'il n'y a rien de plus dangereux que de joüir des plaisirs sensibles. Et je suis présentement convaincu, qu'ils augmentent la concupiscence par les traces qu'ils impriment dans le cerveau, qu'ils appliquent l'esprit non à Dieu qui les cause, mais aux corps qui semblent les causer, & que bienqu'absolument parlant ils puissent nous faire penser à Dieu qui en est l'Auteur, toutefois ils ne peuvent exciter en nous qu'un amour interessé, qu'un amour qui approche plus de l'amour propre que de la veritable charité.

ARI. Mais, Theodore, la loi naturele ne nous oblige pas seulement à l'amour de Dieu, mais encore à l'amour des autres hommes; & si nous n'avons quelque rapport avec eux par le moyen des corps, quel ſujet aurons-nous de les aimer. C'eſt l'interêt qui fait les ſocietez : C'eſt le plaiſir qui unit les differens ſexes; & il y a des nations entieres qui ne peuvent entretenir la paix & le commerce que par l'entremiſe du vin. Pour faire ceſſer l'inimitié entre certaines gens, il ſuffit de les faire boire enſemble. Pour achever un contrat de vente, il y faut ajoûter le pot de vin. Ainſi vous voyez qu'il eſt utile que les hommes joüiſſent enſemble des plaiſirs pour conſerver entr'eux l'union & la charité qui leur eſt commandée.

Th e. Je penſe, Ariſtarque, que vous voulez vous divertir. Quoi! penſeriez-vous qu'il y eût quelqu'autre choſe que la verité, & que la juſtice, qui peût nous unir étroitement les uns avec les autres? penſeriez vous qu'une paix concluë parmi les pots, entre des yvrognes, fût auſſi ſolide que celle que feroient des gens raiſonnables dans la veuë de la juſtice, & par un mo-

tif de charité? Certainement toutes les liaisons qui se font par interêt ne servent de rien pour accomplir le précepte de l'amour du
prochain. On garde les apparen-
ces, on traitte les hommes avec ci-
vilité ; mais dans le cœur on ne les
aime point veritablement , lors
qu'on ne les aime que par interêt.
Il faut aimer les autres hommes
pour Dieu. Car comme c'est lui qui
doit terminer tous les mouvemens
de nôtre cœur, il peut seul réunir
en lui-même tous les esprits. Mais
les rapports que nous pouvons avoir
avec les hommes par le moyen des
corps ne sont propres qu'à mettre
la division parmi nous : car les biens
sensibles ne sont pas comme les
biens de l'esprit on ne peut les pos-
seder sans les partager. Il suffit
qu'un homme veuille jouïr du bien
de son ami pour le rendre miserable , & pour dévenir son ennemi.
C'est l'amour des biens temporels
qui allume les guerres & qui met la
division dans les familles. On veut

joüir de ces biens & on ne le peut
sans en priver ceux qui les possedent. Ainsi il est évident que le mépris des biens sensibles & la privation des plaisirs sont aussi utiles
pour conserver la paix entre les
hommes que pour demeurer étroitement unis avec Dieu.

ARI. Il est vrai, Theodore, que
pour n'avoir point de procés avec
personne, il n'y a point de meilleur
moyen que de ceder son bien à ceux
qui nous le veulent enlever. Mais
le conseil de JESUS-CHRIST sur cela
est bien incommode, & je ne voi
pas que les plus parfaits le suivent.

THE. Je l'avoüe, Arist. Il y a bien
des occasions dans lesquelles on
ne feroit pas trop bien de suivre effectivement ce conseil : mais il faut
toûjours être dans la disposition du
cœur de le suivre. Ce n'est point la
difficulté qu'il y a dans ce conseil
& dans les autres, qui doit nous
empêcher de le pratiquer, elle les
rend au contraire d'autant plus utiles qu'ils servent davantage à satis-

faire à la juſtice de Dieu , & à meriter la grace de nôtre réünion parfaite avec lui.

Nous ſommes tous pecheurs &
nous meritons de ſouffrir , & les
conſeils de la privation étant penibles, ils ont cét avantage qu'ils nous
purgent de nos crimes en nous rendant participans des ſouffrances de
JESUS-CHRIST.

Nous avons tous beſoin dans nôtre miſere du ſecours du Ciel ; mais
les conſeils de JESUS-CHRIST nous
apprennent à le meriter , lors que
ſouffrant avec JESUS-CHRIST , nos
douleurs ſont meritoires avec les
ſiennes. Ainſi l'incommodité que
vous trouvez dans les conſeils de
JESUS-CHRIST , les rend même ré-
commandables.

Si la peine que l'on ſouffre lors
qu'on ſe prive de la préſence des
objets ſenſibles n'étoit point necel-
ſaire pour ſatisfaire à Dieu, ni pour
meriter le ſecours, dont nous avons
un beſoin extreme ; j'avoüe qu'il y
auroit quelque défaut dans les con-

ſeils de l'Evangile. Cependant il n'y en auroit point de meilleurs par les raiſons que je vous ai dites. Mais ces conſeils remedient ſi parfaitement & ſi generalement à tous nos maux , ils ſont tellement proportionez à l'état où le peché nous a reduits , que ſi on peut ne les pas ſuivre , on ne peut s'empêcher de les admirer.

ERA. Il eſt vrai que les conſeils de Ieſus-Chriſt remedient parfaitement à la concupiſcence, mais c'eſt pourveu qu'on les ſuive. On ne peut faire, Theodore, que ce que l'on veut faire , & ces conſeils nous ordonnent de faire tout le contraire de ce que nous voulons. Car c'eſt le plaiſir qui nous fait vouloir , & le plaiſir nous eſt deffendu par l'Evangile. Qui ſuivra donc ces conſeils ? J'apprehende fort que l'ami d'Ariſtarque ne diſe que la Morale Chrêtienne reſſemble à la politique de Platon , qu'elle eſt belle en idée, mais qu'elle a ce défaut eſſenciel & qui la rend entierement inutile,

que

que les hommes n'en sont pas ca-
capables.

T H E. Il falloit, Eraste, que la
Morale Chrêtienne fût telle qu'elle
est pour être parfaite : vous en demeurez d'accord. Mais, dites-vous,
il est impossible de la suivre. Oüi,
Eraste, sans JESUS-CHRIST : mais
on peut tout avec lui. Il est nôtre
force aussi bien que nôtre sagesse.
S'il nous conseille de faire le contraire de ce que nous voulons, c'est
qu'il peut changer nôtre cœur. Car
il ne ressemble pas à Platon qui
donne des loix pour établir une République, & qui ne fait pas des
hommes capables d'observer ces
loix.

JESUS-CHRIST établit la Morale
la plus parfaite qui se puisse, & il
fait en même temps des hommes
qui en sont capables. Il les fait ré-
naître, il les dépoüille du vieil
homme, il leur donne un cœur de
chair dans lequel il écrit les loix
que les Juifs avoient receuës de
Moïse gravées sur la pierre : La foi

& l'experience nous apprennent ces chofes. La République de Platon eſt une république en idée, il n'y a point d'hommes qui la compoſent. Mais combien de Chrétiens dans le monde qui ſuivent même à la rigueur les conſeils de leur Maître? Combien de ſaints Religieux mortifient ſans ceſſe leurs ſens & leurs paſſions, travaillent de toutes leurs forces pour détruire le corps du peché, ce vieil homme dont les deſirs troublent leur paix & leur eſperance?

Il faut, Eraſte, que la force de Dieu paroiſſe dans l'execution des préceptes de la Morale; afin que l'on ne puiſſe douter de la verité de la Religion. Il faut qu'il n'y ait rien d'humain dans la Religion que Dieu établit, afin qu'on n'attribuë point ſon établiſſement à la politique des Princes, à l'inclination des hommes, à la diſpoſition naturele des eſprits.

Les conſeils de Jesus-Christ tout penibles qu'ils ſont, étant ſuivis juſtifient la Religion : & la Religion connuë fait que l'on obéit aux conſeils de Jesus-Christ. Célui que nous croyons nous donne la force de faire ce que nous faiſons, & ce que nous faiſons eſt ſi au deſſus de nos forces, que cela nous fait croire ce que nous croïons. Ainſi tant s'en faut que les conſeils de Jesus-Christ ſoient inutiles à cauſe qu'ils nous paroiſſent durs & fâcheux, qu'au contraire nous devons penſer qu'ils ſont tous divins, puis que celui qui eſt aſſez ſage pour nous les donner, eſt encore aſſez fort pour nous ſoûtenir. Nous dirons au premier jour quelque choſe de cette force, par laquelle nous pouvons accomplir les préceptes de l'Evangile.

Je vous prie, Eraſte, d'y penſer avec Ariſtarque, afin que nôtre entretien ſoit plus agréable.

ENTRETIEN IX.

Continuation du même ſujet.

ARISTARQUE. J'ai penſé, Theodore, aux choſes que vous nous dîtes hier, & à celles dont nous devons nous entretenir aujourd'hui. Je ſuis convaincu des premieres , & voici ce que je penſe des autres.

Je conſidere l'homme comme entre le Ciel & la terre ; entre le lieu de ſon repos & de ſa felicité, & celui de ſon inquiétude & de ſa miſere; tenant à Dieu ſans le connoître, tenant aux corps & les voyant. Cóme c'eſt le plaiſir qui l'agite & qui le tranſporte, & que dans le téps qu'il en joüit il ne voit pas celui qui en eſt la veritable cauſe, de même qu'il voit & qu'il touche les corps qui en ſont l'occaſion, il ſe porte avec fureur vers les corps,&

il ne péfe pas feulemét à Dieu. Ainfi il eft neceffaire qu'il fe prive des plaifirs fenfibles s'il veut arrèter le mouvement qui l'éloigne du Ciel & qui le porte vers la terre ; cela eft évident ; mais la privation des plaifirs ne fuffit pas encore pour l'élever vers le Ciel.

Concevons, Theodore, qu'une balance ait un de fes baffins vuide, & que l'autre foit beaucoup chargé; quoi-que l'on décharge peu à peu ce dernier baffin en telle maniere qu'il ne refte prefque rien, il n'arrivera point pour cela de changement dás la balance : Il faut ou la decharger entierement ou mettre quelque poids qui contre-peze dans l'autre baffin.

Nôtre efprit eft comme une balance, & il n'eft parfaitement libre en un fens que lors que le poids qui le tranfporte & qui le captive eft égal pour le ciel & pour la terre, ou plûtôt lors que ce poids eft nul. Car alors l'efprit étant comme en équilibre, il fe tranfporte facilement

par lui-même vers celui qu'il réconnoît clairement par la raiſon
être ſon vrai bien. Ce n'eſt point le
plaiſir prévenant qui l'agite & qui
le détermine, c'eſt ſa raiſon toute
ſeule : ſon amour eſt éclairé & entierement digne de lui.

Adam avant ſon peché n'ayant
point de concupiſcence, ſes ſens &
ſes paſſions ſe taiſans dés qu'il le
vouloit, en un mot n'étant point
porté malgré lui à l'amour des choſes ſenſibles par des plaiſirs prévenans involontaires & rebeles; il
étoit parfaitement libre. Il n'avoit
pas beſoin, pour contre-balancer les
plaiſirs ſenſibles, de cette eſpece de
grace qui conſiſte dans une delectation prévenante, parceque les poids
de la balance étoient nuls.

Mais préſentement qu'un des
baſſins de la balance eſt extrémement chargé, nous ne pouvons être
libres de la même maniere que le
premier homme : car les perſonnes
même les plus ſaintes ne peuvent
ſe délivrer entierement du poids de

la concupiscence. Ce qu'ils peuvent faire c'est de diminuër ce poids par la rétraite, par la privation des plaifirs & par une mortification continuele de leurs fens & de leurs paffions. Mais ne pouvant le rendre nul, ils ont befoin de la délectation de la grace pour le contre-balancer & pour mettre la balance dans un parfait équilibre.

Je croi donc, Theodore, que la privation des plaifirs ne fuffit pas pour nous délivrer entierement de leur fervitude, & que la Grace de Jesus-Christ * nous eft abfolument neceffaire. Mais comme le moindre poids eft capable de mettre une ba-

* *L'on entend ici par la grace de Jefus-Chrift celle que Jefus-Chrift nous a particulierement meritée laquelle confifte dans la deleEtation prévenante ou dans le dégoût & l'horreur que l'on a dans l'ufage des faux biens ; car les graces de lumiere & de joie que Iefus-Chrift nous a auffi meritées, nous font communes avec le premier homme qui n'ayant point de concupifcence n'avoit pas befoin de plaifirs prévenants, comme on vient de l'expliquer.*

lance en équilibre, lors qu'un des baſſins eſt fort peu chargé; il eſt évident que la diminution du poids du peché, ou la privation des plaiſirs ſenſibles, eſt la meilleure préparation, non ſeulement à la Grace (ſi cette privation ſe fait par un mouvement d'eſprit de Dieu,) mais à l'efficace de la grace; car il eſt clair que l'efficace de la grace dépend ordinairement de la diſpoſition où nous nous trouvons à l'égard des biens ſenſibles, comme l'action d'un poids dans une balance dépend de la force des poids contraires.

De même que tout poids peze, toute Grace eſt efficace en un ſens, ou porte vers Dieu : mais de même que tout poids ne met pas en équilibre une balance, ou ne la fait pas trébucher, lors qu'un autre poids y reſiſte; ainſi toute grace ne nous met pas en parfaite liberté, ou ne nous emporte pas vers Dieu. De ſorte que toute grace eſt efficace quoiqu'elle ne convertiſſe pas entierement le cœur, & toute grace eſt ſuf-

fifante pour le convertir entierement, lors qu'il eft bien préparé à la
récevoir ; car il n'y a point de poids
fi petit qu'il foit qui ne puiffe mettre une balance en équilibre lors
que l'empêchement eft fort leger.

Ainfi l'efficace & la fuffifance de
la Grace fe peuvent confiderer en
elles-mêmes, ou par rapport : fi on
les confidere en elles-mêmes, toute
grace eft efficace, & fuffifâte par cô-
fequent : fi par rapport, quelquefois
elle eft efficace & fuffifante, & quelquefois elle ne l'eft pas. Ce n'eft pas
que Dieu ne puiffe donner de telles
graces à un pecheur que toute la
malignité du peché n'en empêcheroit jamais l'efficacité; car quoi-que
l'on conçoive une balance extrémement chargée d'un côté , on peut
encore trouver un poids affez grand
pour la rédreffer.

Voilà, Theo. ce qui m'eft venu dans
l'efprit fur le fujet de nôtre entretié.

THEODORE. Tout cela eft bien
penfé, mais c'eft une comparaifon
qui ne dit pas tout. Qu'entendez-

vous Ariſtarque, par le mot de grace ? ce terme eſt vague & indeter-
miné, c'eſt un mot de Logique qui
ne ſignifie rien de diſtinct à Eraſte.
N'entendez-vous par ce mot que la
ſeule délectation prévenante ?

A R I. Juſques ici je ne penſois
qu'à cette délectation. Mais on peut
entendre par le mot de grace tout
ce qui eſt capable de rédreſſer la balance, & de porter l'eſprit vers Dieu,
ou de l'y arrêter fortement s'il lui
eſt déja uni.

T H E. Cela eſt encore bien vague.
Sçavez-vous, Eraſte, quelles ſont les
choſes qui peuvent nous porter vers
Dieu , & nous y unir ?

E R A S T E. Je ne les ſçai pas toutes en particulier. Mais il me ſemble en general qu'il n'y a que la
lumiere & le plaiſir qui nous faſſent
aimer , & qu'outre la lumiere & le
plaiſir, la joie peut confirmer nôtre
amour, quoi-qu'elle ne le commence jamais. Car quand je m'examine
moi-même , je ne connois point
d'autre principe de mes volontez

particulieres. Si je commence à aimer quelque chofe , c'eft ou que je
connois , ou que je fens que cette
chofe m'eft bonne ; & fi je continuë
de l'aimer, c'eft que je continuë de
connoître ou de fentir que cette
chofe m'eft bonne, & que j'ai de la
joie dans la vûë ou dans le goût du
bien que je poffede.

THE. Ainfi, Erafte, toutes les
graces qui vous portent pofitive-
ment vers le bien , defquelles vous
avez connoiffance, font, ou des graces de lumiere, qui éclairent l'efprit
fans le déterminer , ou des graces
du plaifir prévenant , qui déterminent l'efprit fans l'éclairer , ou des
graces de joie ou de plaifir lequel
fuit la lumiere & la détermination
de l'efprit & ne fert qu'à le confirmer dans fon choix. Vous ne parlez pas de l'ignorance des faux
biens, du dégoût que l'on y trouve,
ni de la triftelle qui naît en nous de
la veuë de nôtre mifere lors que
nous joüiffons de ces faux biens ;
mais j'en vois bien la raifon , c'eft

que ces sortes de graces ne nous
portent point par elles-mêmes vers
les vrais biens quoi-qu'elles soient
souvent necessaires afin que les graces qui nous portent par elles-mêmes vers le bien puissent agir.

E R A. Cela est vrai, Theodore.

T H E. Mais, Eraste, que pensez-
vous de la necessité de la Grace ?
êtes-vous du sentimét d'Aristarque?

E R A. Entierement, Theodore, je
croi que la seule privation des plaisirs sensibles de quelque maniere
qu'on la conçoive n'est pas capable
de nous réunir avec Dieu, quoi-
que l'efficace ou la victoire de la
grace de JESUS-CHRIST en depende
presque toûjours. Je croi que tous
les hommes ont besoin de la lumiere de la foi, & que ceux qui sont
tentez par des plaisirs violents ne
peuvent les vaincre par la seule grace de lumiere ; Je croi qu'ils ont
encore besoin de la délectation prévenante, principalement s'ils ont
coûtume de suivre les mouvemens
de leurs passions.

Pour les juftes dont le cœur eft fortement attaché à Dieu ; quoiqu'ils ne puiffent vaincre une tentation fans quelque fecours actuel; je croi que la feule lumiere, qui ne leur manque jamais dans les occafions preffantes , fuffit ordinairement pour cela,& que la joie qu'ils reffentent dans l'exercice de la vertu fait en eux le même effet, que la délectation prévenante dans ceux qui commencent leur converfion.

T H E. Mais, Erafte, pourquoi dites-vous que la lumiere ne manque jamais aux Juftes dans les tentations confiderables & qui vont à les détacher de Dieu ?

E R A. C'eft que les Juftes ne font tels que parce qu'ils aiment Dieu ; mais ceux qui aiment Dieu ne peuvent le perdre fans vouloir le conferver, mais ils ne peuvent vouloir le conferver fans penfer aux moyens qui y peuvent fervir , & fans fe réprefenter la grandeur de leur perte.

. T H E. Pourquoi cela Erafte ?

E R A. Parce que la priere natu-

rele , qui obtient de Dieu l'idée vive
d'un objet , c'est la volonté actuële
de penser à cét objet. Car lors que
nous voulons penser à quelque chose, l'idée de cette chose se présente à
nôtre esprit , & cette idée est d'autant plus vive que nôtre volonté est
plus ferme.

Un Juste aime Dieu plus que toutes autre chose : dans une tentation
dans laquelle il peut perdre Dieu
il est en état de voir sa perte , il ne
la peut voir sans la sentir & sans
vouloir l'éviter , sa volonté dé-
mande donc naturelement la lumiere & elle l'obtient d'autant plus
grande que son desir est plus fort &
que sa charité est plus ardente; car
c'est cette charité qui prie comme
il faut & qui est toûjours exaucée.

THE. Il est vrai, Eraste, on ne peut
nous ravir nôtre bien sans que nous
ayions volonté de le conserver &
cette volonté est toûjours suivie de
la lumiere ; car il ny a rien qui é-
claire tant que l'interêt. Ceux qui
regardent Dieu comme leur vrai

bien font d'ordinaire affez éclairez dans les dangers des tentations, & ils découvrent d'ordinaire le moyen de les éviter. Mais, Erafte, c'eft lors que l'amour eft fort, ou que la tentation n'eft pas grande. Il y a des juftes qui aiment Dieu plus que toutes chofes, dont l'amour n'eft pas vif, ils le laiffent languir faute de nourriture, & la concupifcence qui le combat fans ceffe l'affoiblit extrémement; de forte que les idées qui felon les loix de la nature fe réprefentent à leur efprit dans la tentation, fe diffipent & s'évanoüiffent en un moment, elles n'ont point de corps ni de confiftence : mais les idées qui felon les loix de la nature s'excitent dans les mouvemens des paffions font fenfibles: Ainfi Erafte afin que les juftes ne tombent pas, il faut ou que Dieu leur donne une lumiere plus forte que celle qui doit fuivre de leur amour felon les loix nautereles, ou que Dieu réveille & fortifie leur amour par une délectation prévenante. Mais parce qu'il le fait , s'il lui plaît , & autant qu'il lui plaît , cela n'étant plus de l'ordre naturel auquel il s'est obligé ; la lumiere des justes & la disposition de leur cœur, toute suffisante qu'elle soit, ne leur donne pas toûjours la victoire dans le téps de la tentation.

E R A. Cela est bien fâcheux que les justes mêmes....

T H E. Il est vrai, Eraste, mais les justes peuvent prier; Dieu s'est obligé par des promesses , qu'il garde aussi inviolablement que les loix de la nature , de leur donner toûjours les secours actuëls & efficaces dont ils ont besoin. Les justes sont membres de JESUS-CHRIST; ils sont animez de l'esprit de Jesus-Christ; c'est, pour ainsi dire, Jesus-Christ qui prie en eux, & Dieu ne peut rien refuser à son Fils : car les justes n'obtiennent point ce qu'ils demandent s'ils ne le demandent par Jesus-Christ & pour conserver en eux l'Esprit de JESUS-CHRIST.

E R A. Mais, Theodore, lors qu'un juste par negligence laisse affoiblir ſon amour, lors qu'il laiſſe éteindre en lui la lumiere & la vie de l'eſprit, Dieu ſçait ſon beſoin, Dieu l'aime, car tout juſte eſt aimé de Dieu; pourquoi donc attend-il qu'il le prie ? Que ne le prévient-il, que ne le défend-t-il ?

THE. Dieu n'attend pas toûjours que les juſtes le prient, il leur donne ſouvent des ſecours qu'ils ne lui demandent pas ; & s'il leur ordonne de les lui demander, c'eſt qu'il veut en être aimé & adoré. Dieu ſçait mieux nos beſoins que nous mêmes, & s'il nous commande de le prier, c'eſt afin de nous obliger de penſer à lui & de le regarder comme celui qui eſt ſeul capable de nous combler de biens, c'eſt afin d'exciter & de réveiller nôtre amour vers lui, & non pas pour apprendre de nous ni nos beſoins ni les motifs qu'il a de nous ſécourir. Il eſt bien réſolu de nous faire grace à cauſe de ſon Fils, & s'il veut que nous la lui demandions au Nom de ſon Fils, c'eſt afin que nous l'aimions lui & ſon Fils.

C'eſt l'amour qui prie, c'eſt le reſpect, c'eſt la diſpoſition du cœur qui prie : car on ne peut prier Dieu ſans croire actuelement beaucoup de choſes de lui & de nous, ſans eſperer actuelement en lui & ſans l'aimer actuelement. Mais les actes réveillent & produiſent même les habitudes ; c'eſt donc principalement pour réveiller en nous nôtre foi, nôtre eſperence & nôtre charité que Dieu nous commande de le prier.

Mais lors que nôtre foi eſt vive, nôtre eſperance ferme & nôtre charité ardente, il n'eſt pas poſſible ſelon même les loix natureles que la lumiere vive & efficace nous manque. Car comme vous venez de dire, il n'eſt pas poſſible qu'on nous raviſſe ce que nous aimons, ſans qu'il s'excite en nous un deſir de le conſerver, & ce deſir eſt naturelement ſuivi de la veuë des moyens de le conſerver.

De plus la joie que nous trouvons dans la possession de ce que nous aimons avec ardeur a beaucoup de force : car les justes possedent Dieu par l'avant-goût de leur esperance, & cét avant-goût accompagné de lumiere est capable de leur faire vaincre les plus fortes tentations, parce qu'il leur fait embrasser avec joie les moyens que la lumiere leur offre. Ainsi la priere est la nourriture de l'ame, c'est par elle qu'elle reçoit de nouveles forces, c'est par elle qu'elle pense à Dieu, qu'elle se met en sa présence, qu'elle s'unit à celui qui est toute sa force, c'est même par elle qu'elle reçoit de Dieu par Jesus-C. la delectation de la grace pour contre-balancer les plaisirs prévenans qu'elle réçoit aussi de Dieu (car il n'y a que Dieu qui agisse en elle) mais qui sont involontaires & rebeles à cause de la desobeïssance d'Adam.

Et vous devez rémarquer, Eraste, que les justes ont toûjours en eux la force de prier (puisque c'est l'amour qui prie) & par consequent celle d'obtenir l'augmentation de leur charité, puis que Dieu s'eſt obligé par ſes promeſſes de leur accorder leur priere. Ils peuvent même ſe ſervir ſans peine de cette force qu'ils ont de prier dans tous les temps auxquels ils ont liberté d'eſprit & auxquels ils ont beſoin de prier, principalement s'ils vivent dans la rétraite & dans la privation des plaiſirs. Car comme les juſtes aiment Dieu, il leur eſt facile, dans le temps qu'ils ont liberté d'eſprit & qu'ils ſentent que quelque choſe les éloigne de Dieu, de faire quelque effort pour ſe r'approcher de lui : & cét effort eſt une priere efficace qui eſt récompensée d'une grace d'autant plus grande que cét effort eſt plus grand. Ils peuvent récourir à Jesus-Christ, penſer à ſes conſeils & à ſes exemples ; & s'ils ne peuvent ſans peine l'imiter dans ſa vie, ils peuvent au moins le deſirer, ils peuvent fortifier leur eſperance & réveiller leur charité en priant avec confiance & avec humilité dans la veuë des merites de Jesus-Chrift.

A R I. Ils peuvent ce que vous dites, s'ils y penfent ; mais s'ils n'y penfent pas, certainement ils ne le peuvent pas, car on ne peut faire ce que vous dites fans qu'on y penfe.

T H E. Ils y penfent toûjours, Ariftarque, dans le temps neceffaire, puis qu'étant juftes ils aiment Dieu. Car ceux qui aiment Dieu, l'ont préfent dans le temps où il y a danger de le perdre, puis qu'on ne peut nous ravir ce que nous aimons fans que nous penfions à le rétenir. Je fuppofe cependant qu'ils confervent la liberté de leur efprit par l'éloignement des plaifirs fenfibles ; car quelquefois l'imagination eft fi occupée & fi troublée par l'action des corps qui nous environnent, & par le mouvement des efprits que les paffions excitent en nous, qu'on peut perdre Dieu fans beaucoup de peine, & fans faire toutes les réflexions que je croi neceffaires pour

conserver & pour fortifier la charité.

E R A. Ainsi Theodore, il faut
toûjours révenir aux conseils de
Jesus-Christ. Il n'y a rien de plus
necessaire aux justes, aussi - bien
qu'aux pecheurs, que l'éloignement
du grand monde & des plaisirs violents, & je juge que les personnes
qui ne bornent ni leurs plaisirs ni
leurs passions, ne peuvent gueres
demeurer dans cette présence de
Dieu qui soûtient & qui fortifie son
amour. Je m'imagine que le bruit
confus, la symphonie, l'éclat, toutes les magnificences & les agrée-
mens des lieux publics me broüil-
leroient fort l'esprit, si je m'y lais-
sois conduire, car on dit que les
Auteurs de ces divertissemens, auxquels, Aristarque, vous alliez autrefois si souvent, n'ont point d'autre veüe que d'exciter les passions
& d'enchanter l'imagination. Je
pense que si quelque tentation me
surprenoit dans ces lieux, je n'aurois pas assez de liberté pour y ré-

sister, ainsi je n'y irai jamais.

Th e. Vous avez raison , Eraste.
Il faut toûjours chercher les divertissemens les plus simples & les
plus moderez , il faut se faire des
plaisirs d'enfant. Mais il y a des
gens qu'on ne peut divertir si on ne
les trouble ; ils ne prennent pas
leur divertissement, comme vous,
pour rélâcher leur esprit , ils ne
l'appliquent jamais ; c'est pour donner quelque rélâche à leurs passions
qui les fatiguent trop parce qu'ils
en suivent les mouvemens violents.
Ce n'est point pour rémettre dans
son assiéte naturele leur imagination aprés l'avoir trop forcée par la
meditation , c'est pour effacer de
leur esprit des desseins ambitieux,
des pensées que les passions ont ex-
citées & qui ne leur sont plus agréables ; c'est pour se rendre plus heureux en suivant le mouvement des
passions plus douces & plus mode-
rées que celles qui les agitent ordinairement : car les passions de thea-
tre n'ébranlent pas si rudement,

que celles dont l'objet est réel &
subsistant.

E R A. Certainement, Theodore,
ces gens-là sont bien miserables,
leur imagination est corrompuë,
la concupiscence, ou le poids du
peché, pour parler comme Aristarque, peze bien dans leur balance,
il faut bien des délectations pré-
venantes pour le contre-balancer.

Cependant ils esperent se sauver
comme les autres Chrêtiens, & ils
s'imaginent que sans se préparer
aux graces ordinaires en suivant les
conseils de Jesus-Christ, Dieu leur
donnera de ces graces extraordinaires qui surmontent toute la malignité des esprits les plus corrompus, ils disent que c'est à Dieu à les
convertir.

T H E. Lors que j'enteds des voluptueux ou des ambitieux se plaindre de ce que Dieu ne leur donne
pas des graces efficaces pour se convertir, il me semble que je voi des
cruëls qui se poignardent, & qui
se prennent à Dieu de la cruauté
qu'ils

qu'ils exercent contr'eux-mêmes.
Ils veulent que Dieu leur fasse du
bien dans le temps qu'ils se font du
mal ; & lors qu'ils produisent dans
leurs corps les mouvemens auxquels la douleur est attachée par
l'ordre de la nature, ils veulent
que Dieu change cét ordre, & fasse
des miracles en leur faveur.

Nous ne pouvons, Eraste, trop
penser que Dieu agit toûjours par
les voies les plus simples, & qu'il
garde inviolablement les loix qu'il
s'est préscrites non seulement dans
l'ordre de la nature, mais encore
dans celui de la grace. La voie la
plus simple & la plus courte pour
la conversion des pecheurs c'est la
privation des plaisirs, cela est évident : il faut donc commencer par
là, & ne pas s'attendre à ces graces
extraordinaires qui sont de miracles dans l'ordre de la grace.

Si nous voulons vivre nous devons manger ; si nous voulons joüir
de quelque plaisir, il faut exciter
dans nôtre corps les mouvemens

O

auxquels ce plaisir est attaché par la nature. Ces mouvemens obligeront Dieu en conséquence de ses volontez à nous faire jouïr du plaisir que nous souhaitons. De même si nous voulons nous sanctifier, si nous voulons vivre de la vie de la grace, nous devons nous priver des objets sensibles, nous devons faire pénitence & beaucoup prier. Nôtre pénitence & nos prieres obligeront Dieu en conséquence de ses promesses à répandre sur nous des graces capables de nous changer. Mais si nous suivons les mouvemens de nos passions & que nous nous attendions à l'efficace des graces extraordinaires, nous ressemblons à des fous pui se précipitent en s'imaginant que Dieu fera des miracles en leur faveur.

Lors que nous ne sçavons pas quelles sont les loix de la nature nous les apprenons par des experiences ; mais lors que nous les sçavons, nous les regardons comme inviolables, nous conformons nos actions à ces loix , & nous ne prétendons point les renverser. Si un homme ne sçait point que le feu soit capable de le blesser il s'en approche : mais lors qu'il sçait qu'elle est son action , il prend garde à lui & ne prétend point que le feu doive le respecter s'il se jette au milieu de ses flâmes , si nous ne sçavons pas qu'elles sont les loix de la grace nous devons nous en instruire , & lors que nous les sçavons, nous devons nous y conformer , & ne pas prétendre les renverser selon nos desirs; car les volontez de Dieu ne dépendront jamais de nôtre caprice.

Pes Physiciens ne connoissent les loix particulieres de la nature que d'une maniere fort imparfaite : car les experiences qui font le moyen le plus assuré de les découvrir sont fort trompeuses : cependant ils respectent & craignent ces loix toutes inconnuës qu'elles leur sont. Et les Chrétiens sans respect & sans crainte pour les loix de la grace qu'ils

connoiſſent bien , veulent accom-
moder toutes choſes à leurs deſ-
ſeins:ils connoiſſent le poiſon , mais
parce qu'il leur paroît agréable , ils
le prennent ſans horreur.

La raiſon leur apprend , ainſi que
nous avons réconnu dans nôtre Entretien précedent , que la privation
eſt la loi de la grace la plus neceſſaire pour le rétabliſſement de la
nature ; le ſentiment interieur de
leur conſcience confirme les jugemens de leur raiſon ; les conſeils
de Jesus-Christ , ſon exemple, celui de tous les gens de bien ne lui
permet pas d'en douter : & cependant ils prennent plaiſir à s'aveugler pour ne pas réconnoître la neceſſité de cette loi : ou lors qu'ils
ſe trouvent obligez de la réconnoître , tout le reſpect qu'ils lui rendent , n'eſt ſouvent qu'exterieur:
ils ſe privent de certaines choſes
qui ne les touchent pas, & ils ſouf-
frent une circonciſion charnele qui
n'eſt point la circonciſion du cœur
que Dien leur demande.

Quand nous confiderons, Erafte, la vie du Précurfeur de J e s u s-C h r i s t de celui qui par fa vocation à marché devant Jefus-Chrift pour lui préparer fes voies, de celui qui eft pour ainfi dire la préparation perfonele à la grace fubftanciele : car faint Jean a été envoyé pour nous réprefenter d'une maniere tres-parfaite par fa prédication & principalement par la fainteté de fa vie toutes les chofes qui préparent à la grace , comme Jefus-Chrift a été envoyé pour nous la communiquer : Quand nous confiderons , dis-je, ce modéle de préparation à la grace, nous ne rémarquons en lui qu'éloignement du monde , que privation continuele des chofes mêmes qui femblent neceffaires à la vie ; car vous fçavez ce que l'Evangile dit de lui. Ainfi fon exemple nous apprend affez ce qu'il faut faire pour fe préparer à la grace ; mais nôtre imagination toute corrompuë par les plaifirs fenfibles détourne bien-tôt nôtre

veüe de ce modele que Dieu nous a
donné , pour nous en former un
autre de quelque perfonne qui paffe
dans le monde pour homme de
bien , & qui ne laiffe pas de joüir
des plaifirs que S. Jean a condamnez comme contraires aux voies
par lefquelles Jesus-Christ vient
en nous.

A R I. Je vous avoüe Theodore
que tous les Heros que je me fuis
propofé jufqu'ici comme les mode-
les vivans de ma conduite font plus
genereux que S. Jean , ils ne craignent point de fe familiarifer avec
le monde ni de joüir de certains
plaifirs honêtes ; je ne fçai fi c'eft
qu'ils fe fentent affez forts pour
les vaincre ; mais je croi devoir dire à Erafte que je fuis dévenu ef-
clave de bien des plaifirs , lors qu'à
l'exemple de ces Heros je n'ai point
eu de crainte de les goûter.

E R A. Je ne vis pas d'opinion,
Ariftarque ; je fçai qu'il faut vivre
de regle & par raifon ; je fçai qu'a-
gir feulement par principe d'imita-

tion, c'est plûtôt agir en bête qu'en homme ; Theodore m'y a fait penser. Si nous nous proposons un modéle, ce doit être pour nous exciter par son exemple à faire courageusement les choses que nous sçavons par la raison devoir faire. Car tout homme étant sujet à l'erreur & au peché, nul homme ne peut servir de regle infaillible ; la raison doit corriger les défauts du modéle.

THE. C'est aussi la raison qui doit faire le choix des modéles. Car l'imitation éblouïe par l'éclat trompeur des vertus imaginaires nous fait souvent admirer un Heros au lieu d'un Saint ; & parce qu'il y a bien plus de plaisir & de facilité à vivre en Heros qu'à vivre en Saint, nous sommes bien-aises pour justifier nôtre conduite de nous proposer de ces modéles qui s'accommodent à nos humeurs.

ERA. Le plus seur c'est de suivre les modéles que Dieu nous propose: car Dieu ne peut pas nous tromper. Les conseils de JESUS-CHRIST sont certainement les meilleurs & la conduite de S. Jean y eſt tout-à-fait conforme. Il faut ſe le propoſer pour exemple. Il me ſemble que la raiſon m'oblige de m'en aller comme lui dans les deſerts pour éviter la contagion du monde, & pour me préparer à la grace de Jeſus-Chriſt. Car enfin je ſuis convaincu par la raiſon que S. Jean eſt un bon modéle, le S. Eſprit nous le propoſe dans les ſaintes Ecritures, & Jeſus-Chriſt le loüe hautement de la ſainteté de ſa vie. Qu'en penſez-vous, Theodore, croyez-vous que je doive l'imiter?

T H E. Je ne ſçai, Eraſte, mais ſi vous ne devez pas l'imiter je ſçai que vous devez imiter Jeſus-Chriſt. S. Jean nous préparant à la grace & ne nous la donnant pas, devoit nous montrer l'exemple de la derniere auſterité. Il devoit, Eraſte, ôter de la balance generalement tous les poids qui la font pancher vers la terre, parce qu'il ne pouvoit nous donner le poids de la grace pour la mettre en équilibre. Comme précurseur de l'Auteur de la grace il devoit par ses prédications & par son exemple ôter tous les empêchemens à recevoir Jesus-Christ. Il devoit donc nous défendre l'usage des biens sensibles dans la derniere rigueur, c'étoit-là son devoir.

Mais Jesus-Ch. nous apprend à faire usage de ces biens. Le poids de sa grace nous met en liberté, parce qu'il rémet la balance dans l'équilibre. Nous pouvons avec sa grace vivre parmi le monde sans en dévenir esclaves, parce que sa grace nous empêche d'aimer le monde. Nous pouvons user des biens sensibles, parce qu'avec sa grace nous en usons sans plaisir, ou plûtôt parceque le plaisir de la grace est plus fort que celui que nous goûtons dans l'usage de ces biens. Mais il faut bien prendre garde que la liberté que nous récevons par la grace de Jesus-Christ ne nous serve d'occasion pour vivre selon la chair. Nous pouvons nous sauver dans le monde.

mais nous ne pouvons nous ſauver
ſans haïr le monde. Et ſi en vivant
dans le monde nous l'aimons, ſi
nous devenons eſclaves de ſes pom-
pes, la raiſon nous apprend que
nous devons l'abandonner, car nous
ne pouvons le vaincre ſans Jeſus-C.
& ſi nous avions en nous la grace
de J. C. nous ſentirions en nous la
force de vaincre le monde. Nous
pouvons goûter dans certaines oc-
caſions de certains plaiſirs, mais
nous ne devons point les goûter
ſans horreur & ſans crainte, & ſi
nous les goûtons ſans horreur &
ſans crainte, nous devons les éviter.

La charité nous oblige à vivre
avec les autres hommes; car la grace ne détruit pas les ſocietez civiles:
mais la même charité nous oblige
d'établir avec eux une ſocieté qui
ne finiſſe pas avec la vie.

Il eſt vrai que Jeſus-Chriſt n'eſt
pas venu *apporter la paix au monde,*
mais la guerre & le glaive. Il eſt venu
ſéparer le fils d'avec le pere, la fille
d'avec la mere, la belle-fille d'avec la

belle-mere ; *S'il y a cinq personnes dans une maison , il est venu en mettre trois contre deux & deux contre trois ;* Il est venu mettre la division dans l'homme-même, il faut qu'il se haïsse & qu'il se persecute sans cesse s'il veut être digne du nom de Chrêtien. Mais c'est afin de nous réunir & nous & les autres hômes avec Dieu: c'est afin de nous réconcilier avec nous-mêmes, c'est afin de commencer dés cette vie une societé qui dure éternelement.

Pensez-vous , Aristarque , vous qui êtes si sensible à l'amitié , que vous soyez ici bas capable d'aimer veritablement quelque personne, si vous ne l'aimez chrêtiennement ? Vous pouvez l'aimer suffisamment pour la societé civile , qui dépend du rapport que les corps ont entre eux. Mais vous n'êtes pas seulement en état ni de le connoître tel qu'il est, ni de vous connoître vous-même. Pensez-vous voir vôtre ami lors que vous voyez un certain arrangement de matiere qu'on appelle un

vifage, ou lors que vous entendez
le fon de quelques paroles qui agitent l'air ? Je ne le croi pas, Ariftarque, mais fi vous ne voyez pas
vôtre ami, qu'aimez-vous lors que
vous croyez l'aimer ? Certainement
ou vous-vous aimez vous-même, &
vôtre amour eft intereffé ; ou vous
aimez le vifage de vôtre ami, &
vôtre amour eft indigne de vôtre
ami ; ou enfin vous aimez la vertu
& la juftice de vôtre ami, & alors
vôtre amitié eft raifonnable : mais
vôtre amitié eft chrêtienne, car vous
aimez alors Dieu en vôtre ami, ou
vôtre ami par rapport à Dieu ; vous
l'aimez à caufe qu'il tient à Dieu, à
caufe qu'il vit felon Dieu, à caufe
que fa volonté eft conforme à celle
de Dieu.

Mais, Ariftarque, vôtre amitié eft
toûjours imparfaite, parceque vous
ne fçavez pas ce que vous aimez.
Ne voyant point d'une veuë claire
l'efprit de vôtre ami, vous ne l'aimez point veritablement, car peut-
être que vous auriez horreur de lui
fi vous le voyiez.

A R I. Vous me faites fouhaiter que mon ami foit digne de l'amitié que je lui porte, je vas tacher de le convertir, j'ai bien des chofes à lui dire.

T H E. Comme il eft capable de connoître & d'aimer Dieu, il eft toûjours digne de vôtre amitié, car il n'y a préfentement que cela qui nous rende aimables, à caufe que nous ne nous connoiffons pas parfaitement.

L'amour de Dieu & du prochain commence dés cette vie. mais comme nous ne verrons clairement que dans le ciel Dieu & nôtre prochain, nôtre charité ne fera parfaite que dans le Ciel.

Allez, Ariftarque, voir vôtre ami. Mais vous, Erafte, à quoi penfez-vous?

E R A. Ariftarque, penfe à fon ami, & moi je penfe à moi-même; je ne fçai, Theodore, fi je ferai demain ici. Il me femble que je dois faire ufage des veritez que vous m'avez apprifes. Je vous laiffe par-

ce que je suis préfentement trop é-
mû, vous le voyez affez je récom-
mande toutes chofes à vos prieres.

ENTRETIEN X.
& dernier.

ARISTARQUE. Il y a bien
des nouveles, Theodore; mon
ami eft enfin converti, mais nous
avons perdu Erafte, il n'eft plus ici.

THEODORE. Qu'eft-il devenu?

ARI. Je viens de l'apprendre.
Comme nous étions en peine, fa
mere & moi de ce qu'il n'étoit pas
au logis à l'heure que nous avons
coûtume de dîner, je l'ai été chercher dans fa chambre, & j'ai trouvé fur fa table ce billet cacheté :

POVR ARISTARQVE,

*Je fuis convaincu, ARISTARQUE,
par la raifon & par la Foi, par une
lumiere évidente & par une autorité
infaillible, par les paroles intelligibles
de la verité interieure & par les paroles
fenfibles de la Verité-Incarnée, je fuis*

convaincu par tout ce qui peut cōvaincre une personne raisonnable , que la voie ordinaire & la plus seure pour tendre à Dieu est celle de la rétraite & de la privation de toutes les choses sensibles. Mais je dois prendre mes assurances, d'autant plus que l'affaire pour laquelle je travaille est de consequence , d'autant plus qu'elle est necessaire , d'autant plus qu'elle est difficile & perilleuse: je dois donc , ARISTARQUE , me rétirer dans un lieu où je sois à couvert de toutes les poursuites que l'on me fait pour m'engager dans des études éclatantes & qui ont rapport à des emplois pour lesquels je ne sens point de vocation particuliere.

Il est vrai que je ne sens point aussi en moi de vocation particuliere & extraordinaire pour le dessein que j'ai pris ; mais il ne faut point de vocation particuliere, lors que la raison seule & la vocation generale des Chrêtiens suffit. Il faut sans doute une vocation particuliere pour se mêler dans les affaires du monde ; car la raison & la vocation generale nous en éloignent ; mais comme

le monde eſt préſentement fait, il ſuffit
ce me ſemble d'être raiſonnable & de
croire à l'Evangile pour faire ce que
j'ai fait.

Au reſte comme je ne prétends pas
m'engager dans une vie particuliere
ſans une vocation particuliere, je ſerai
toûjours en état de vous réjoindre lors
qu'il ſera à propos. Mais je vous déclare que je croirois faire une faute plus
legere de prendre ſans vocation particuliere l'habit de ceux avec leſquels je
vas vivre, que de m'engager ſans vocation dans le Mariage & dans une
charge qui m'attacheroit à trop de
choſes.

Tous mes parens me perſecutent, cha-
cun ſelon ſon humeur & ſon ambition ;
Ils viſent tous où je ne tends pas & où
je ne veux pas tendre. De plus je ſuis
bien-aiſe de rompre avec certains eſprits
contagieux qui auront peut-être horreur de moi lors que je ſerai de rétour.
Enfin je croi que je dois penſer ſerieu-
ſement aux choſes eſſencieles. Anthime
& Philemon ſont bien capables d'a-
chever ce que Theodore a commencé ;

Je vas les trouver : il y a comme vous sçavez long-temps qu'ils me souhaitent.

Ne pensez pas, je vous prie, que ce soit manque d'amitié pour vous & de respect pour ma mere, que je n'ai pas fait les choses dans les formes ordinaires ; c'est au contraire que les sentimens naturels que je dois avoir pour elle & pour vous sont trop violents. J'en apprehendois les suites dans un dessein que j'étois résolu d'executer de crainte de manquer à ce que je dois à Dieu. Mais enfin j'ai creu que les personnes chez qui je vais étant tres-cheres à ma mere aussi bien qu'à vous ; vous me pardonnerez facilement l'un & l'autre une formalité que je n'ai pû garder par un excez de sentiment que j'ai pour vous.

Ie n'ai osé écrire d'abord à ma mere, mais je vous conjure, mon tres-cher Cousin, de la disposer à récevoir les marques de mes respects & de ma soûmission : je sçai que je lui dois tout aprés Dieu. Pour Theodore, je vous prie de lui dire, que je mediterai sans cesse les principes qu'il m'a découverts & que

j'aime extrémement la verité. Il con-
noîtra aſſez par là que je ne ſerai gueres
ſans penſer à lui.

A R I. Que dites-vous, Theodore, de tout ceci ?

T H E. Si vous voulez ſçavoir, Ariſtarque, ce que je penſe d'Eraſte, je vous dirai que je n'ai jamais vû d'eſprit plus juſte & plus pénetrant, d'imagination plus pure & plus nette, de naturel plus doux & plus honête, de cœur plus droit & plus genereux : enfin je n'ai jamais vû de jeune homme plus acópli qu'Eraſte.

Pour ſa conduite, ſi vous y trouvez quelque choſe à rédire, Ariſtarque, répondez à la preuve qu'il apporte dans ce billet pour la juſtifier. Il ſent ici des liens qui le captivent, il les rompt avec éclat, ne pouvant s'en délivrer autrement. Il apprehende de ne pouvoir conſerver la pureté de ſon imagination, la liberté de ſon eſprit, l'amour des vrais biens, parmi des gens qui ne vivent que d'opinion, & qui font inceſſament effort ſur ſon eſprit par leur maniere & par leur air contagieux. Quelques-uns même de ſes parens le perſecutent & le ſéduiſent: ils tâchent de le produire pour ſe faire honeur, & ils veulent qu'il ſe rende conſiderable dans le monde afin que ſon établiſſement les affermiſſe, & que ſa réputation ſe répande juſque ſur eux-mêmes. Mais Eraſte eſt perſuadé par raiſon que l'abondance des richeſſes & l'éclat des honeurs troublent l'eſprit de ceux qui les poſſedent : il en eſt convaincu par l'autorité de Jesus-Christ. Ne ſuivra-t-il pas ſa lumiere ? Ne reſpectera-t-il pas ſa foi ? Voulez-vous qu'il embraſſe un phantôme qui diſparoît ? qu'il brigue une grandeur de theâtre ? qu'il ſe répaiſſe d'illuſions & de chimeres ? Qu'on lui prouve que ſa lumiere eſt fauſſe, que Jesus-Christ eſt un ſéducteur ; ou qu'on le laiſſe en repos.

A r i. Ne penſez pas, Theodore, que je trouve rien à répondre dans ſa conduite. Je le ſuivrai plûtôt que je ne le troublerai dans ſon deſſein. Il a raiſon, j'en ſuis´entierement convaincu ; non ſeulement par les choſes que nous avons dites dans nos entretiens précedens, mais encore par celles qu'il me dit hier à mon rétour de chez mon ami. Voulez-vous que je vous en rapporte quelque choſe ?

T H E. Vous me ferez plaiſir, on eſt toûjours bien-aiſe de ſçavoir les dernieres paroles de ceux qui nous quittent.

A R I. Jamais Eraſte ne fût plus éloquent & plus fécond. Il me diſoit entr'autres choſes, que l'homme n'eſt pas ſeulement uni à ſon propre corps, mais encore à tous ceux qui l'environnent : que nos paſſions répandent nôtre ame dans tous les objets ſenſibles, comme nos ſens la répandent dans toutes les parties de nôtre corps ; & que ceux qui en ſuivent les mouvemens, qui ſe jettent dans le grand monde, qui cherchent inceſſament les ri-

cheſſes les plaiſirs & les honeurs,
ſe diſſipent & ſe perdent en ſe répandant hors d'eux-mêmes.

Dans le temps qu'ils s'imaginent
étendre leur être propre, ils s'affoi-
bliſſent : ils déviennent eſclaves de
ceux à qui ils veulent commander.
Et lorſqu'ils augmentent leur pouvoir ſur les corps qui les environnent, ils perdent celui qu'ils ont
ſur la verité qui les pénetre.

Voici, me diſoit-il, ce qui fait
qu'un homme eſt ſenſible. C'eſt
qu'il ſort de ſon cerveau certains nerfs dont les branches infi-
nies ſe répandent dans toutes les
parties de ſon corps : ces nerfs qui
répondent au ſiege de l'ame, l'agitent dés qu'ils ſont ébranlez, ils la
répandent dans toutes les parties
où ils s'inſinüent, il ne ſe paſſe rien
dans ſon corps qui ne l'inquiéte &
qui ne la trouble.

Voici de même ce qu'eſt un homme qui ſuit ſes paſſions, & qui tient
à tout. Il ſort pour ainſi dire de ſon
cœur des cordes dont les filets ſe

répandent dans tous les objets ſenſibles. Dés que ces cordres ſont ébrá-
lées par le mouvement de ces objets, ſon cœur eſt agité. Si ces objets s'éloignent, il faut que ſon
cœur ſuive ou qu'il ſe déchire : Enfin ſon ame ſe répand par ſes cordes dans tout ce qui l'environne,
comme elle ſe répand dans le corps
par le moyen des nerfs.

Lors qu'un homme ſe jette in-
conſiderément dans le commerce
du monde, les cordes de ſon cœur
l'attachent à mille objets qui ne ſervent qu'à le rendre miſerable; & s'il
eſt aſſez fou pour aimer veritablement ces objets ou pour tirer vanité de ſa nouvele grandeur, il reſſemble, me diſoit-il, à des hommes qui
feroient gloire d'avoir des goétres,
ou de ce que leurs loupes ou leurs
boſſes rendroient leurs corps plus
gros que celui des autres.

Penſez-vous, continüoit-il, que
l'ame des Géans ſoit plus grande
que celle des autres hommes ? Ils
ont un plus grand corps, ils don-

nent le mouvement à une plus grande maſſe de matiere : Mais ſi vous
y.prenez garde leurs mouvemens
ne ſont pas ſi juſtes. Les chevaux
ou les éléphans ont plus de force
qu'eux , leur maſſe eſt plus étenduë
& ſi ces perſonnes meſuroient la
grandeur de leur ame par celle de
leur corps, ils ſe rendroient ridicu-
les à tout le monde.

Cependant il ſeroit plus juſte de
meſurer la grandeur de l'ame par
celle du corps que par celle des
richeſſes & des honneurs. Nôtre
corps eſt plus à nous que nos richeſſes, nous ſommes davantage unis à
lui qu'à nos vétemens , qu'à nôtre
maiſon, qu'à nos terres ; c'eſt donc
être bien ſot & bien vain que de
prétendre ſe groſſir en ſe répandant
au dehors.

Mais, continüoit-il, que la grandeur imaginaire rend les hommes
miſerables! Tout les bleſſe ,tout les
agite, car ils tiennent à tout. Mais
des hommes dans le trouble & tout
couverts de bleſſures ſont-ils capa-

bles de penſer , ſont-ils capables de s'unir à la verité pour laquelle ſeule ils ſont faits, de laquelle ſeule ils peuvent ſe nourrir, par laquelle ſeule ils peuvét dévenir plus ſages & plus heureux? Ce ſót d'ordinaire des fous, des ſtupides , des eſprits vuides d'i-dées, ſans lumiere & ſans intelligéce.

Penſez-vous, me diſoit-il, que les voluptueux & ceux qui travaillent ſans ceſſe à étendre leur ſervitude en étendant leur domination, ſçachent ſeulement qu'ils ne ſont pas faits pour les corps , qu'ils ne ſont pas faits pour un temps , qu'ils ne ſont pas ſur la terre pour y vivre ? Non, me diſoit-il , ils ne le ſçavent pas, ils ne voient point que les corps ſont au deſſous d'eux , incapables d'agir en eux, entierement indignes de leur amour ; & comme ils ne ſont jamais morts , ils ne ſçavent point veritablement s'ils mourront. Ils le diſent de bouche, ils le croient, je le veux : mais ils ne le ſçavent pas: ils penſent qu'ils ne ſeront plus, mais ils ne ſçavent pas qu'ils mour-ront.

Qu'il

Qu'il y a de difference entre voir & voir ! Je ne sçai, me disoit-il, que je ne suis pas fait pour les corps, que ce monde visible est une figure qui passe, que les vrais biens des esprits sont des biens intelligibles, je ne sçai ce que c'est que mourir, que depuis fort peu de temps. Et comme j'ai l'esprit petit, j'ai même été obligé de m'appliquer de toutes mes forces pour comprendre ces veritez. Je pensois auparavant de la mort ce que mes yeux m'en apprenoient, & presque rien davantage; & si je n'eusse pas été plus capable d'application que ceux qui sont dās le trouble des affaires ou dans la récherche des plaisirs, j'avoüe que je n'eusse pas sçû ce que je croi que bien des gens ne sçavent pas.

L'application de l'esprit produit la lumiere & découvre la verité. La vûë de la verité rend l'esprit parfait & regle le cœur. L'application de l'esprit est donc necessaire. Mais un homme qu'on tire de tous côtez, qu'on blesse de toutes parts, qu'on répouſſe lors qu'il avance, qu'on traîne lors qu'il recule, qu'on agite ou qu'on mal-traitte inceſſament, peut-il s'appliquer ? Un homme qui craint tout, mais qui deſire tout, qui eſpere tout, qui court aprés tout ce qu'il voit, peut-il penſer à ce qu'il ne voit pas ?

La verité eſt éloignée, elle n'eſt pas ſenſible, ce n'eſt pas un bien qu'on ſe ſente preſſé d'aimer; il la faut chercher pour le trouver: mais l'on peut toûjours rémettre à la chercher, car elle ne nous quitte jamais tout-à-fait. Les corps au contraire ſe font ſentir à tous mo-mens ils nous preſſent de les aimer, nous obligent inceſſament de nous unir à eux, car ils paſſent & nous abandonnent dés qu'ils nous ont ſollicitez. Comme on n'y révient pas facilement, on ſe détermine promptement à en joüir; & l'on ré-met ainſi de temps en temps à s'ap-pliquer à la verité, à cauſe qu'elle ne nous quitte jamais, qu'elle ne ſe fait point ſentir, & qu'ainſi elle ne nous preſſe point de l'aimer.

Que ceux - là ſont heureux me diſoit-il, qui attendent l'Eternité dans un trou, & qui ſe ſentans trop foibles pour conſerver la liberté de leur eſprit, & la pureté de leur imagination contre les efforts & la malignité des objets ſenſibles, ont rompu genereuſement tous leurs liens pour s'unir étroitement avec Dieu! Mais que ceux-là ſont à plaindre que Dieu appelle à vivre au milieu du monde pour le convertir! Qu'ils ont de miſeres à ſouffrir, qu'ils ont d'ennemis à combattre! Je tremble, diſoit-il, quand j'y penſe; mais on peut tout avec JESUS-CHRIST.

Cependant, continuoit-il, penſez-vous que nous ſoyons obligez de vivre dans le grand monde? Pour moi je ne voi point que Dieu m'y appelle. Auſſi l'éclat du monde m'éblöuit-il, mon imagination ſe trouble, mon eſprit ſe diſſipe & je me répands dés que je ne veille pas ſur moi-même.

Pour vous , me diſoit-il , vous êtes fort , le monde ne vous fait point de peur , vôtre imagination eſt ferme & aſſurée, & Dieu vous a donné la grace de vous dégoûter du monde aprés que vous l'avez goûté. J'admire, me diſoit-il adroitement pour me faire penſer à ma miſere interieure, comment les traces que les objets ſenſibles ont gravées dans vôtre cerveau ſe ſont effacées ; comment les paſſions dont vous ſuiviez autrefois les mouvemens ſe ſont calmées ; comment le commerce que vous avez eu avec le monde n'augmente & n'irrite point en vous la concupiſcence ! Comme vous ſçavez par experience que le monde eſt une figure qui paſſe , vous en uſez ſans vous y attacher;car les perſonnes comme vous ne ſe laiſſent pas tromper deux fois. Mais pour moi je ſuis ſi ſtupide que je ne ſuis pas ſi-tôt délivré d'un piége que j'y ſuis répris ; ou plûtôt je ſuis aſſez inſenſible pour m'imaginer être en pleine liberté,lors que je suis esclave de mes passions. Dès que j'ai fait résolution de quitter quelque attachement, je m'imagine que j'en suis délivré ; & je ressemble à un malade qui se croit parfaitement guéri , parce qu'il souhaite avec ardeur de sortir du lit & d'aller en ville.

Lors qu'Eraste , parloit ainsi , je sentois dans moi-même ce qu'il disoit de lui , & je connoissois en lui cette fermeté d'esprit qu'il m'attribuoit. Cela me touchoit si fort & me représentoit à moi-même d'une maniere si claire & si vive, que l'état de mon ame me faisoit horreur & pitié tout ensemble. Mais Eraste me paroissoit d'un autre côté si aimable & si spiritüel; il me parloit d'une maniere si douce & si naturele que je ne pouvois me lasser de l'entendre. Je le regardois sans lui pouvoir rien dire ; & lui s'apercevant de mes réflexions me parloit & me pénetroit sans oser me regarder. Mais enfin m'ayant dit quelques unes de ces paroles qui ne sortent jamais de la

P iij

bouche que lors qu'on ouvre ſon cœur, il leva les yeux pour voir ſur mon viſage quel effet elles avoient produit dans mon ame, & me voyant tel que j'étois, ſon air ſe forma tout d'un coup ſur le mien, la parole lui manqua comme à moi, il ouvrit la bouche ſans rien prononcer, & nous entre-regardans encore un moment pour nous connoître l'un l'autre, nôtre trouble s'augmenta, & nous fûmes obligez de nous ſéparer.

Voilà, Theodore, une partie du dernier entretien que j'ai eu avec Eraſte; car je ne l'ai point vû d'aujourd'hui, & vous pouvez juger par ce peu que je vous en rapporte non ſeulement qu'il a convaincu ma raiſon, mais encore qu'il s'eſt rendu maître de mon cœur. Si je penſe à lui, Theodore, je ſens qu'il m'entraîne; mais dans le temps qu'il m'entraîne, les choſes que je quitte me rappellent, & je le perds. Cependant je ne le perds pas pour long-temps, & je ſens bien ce que je ferai.

T H E. Vous me fuprenez fort,
Ariftarque. Quoi vous imiteriez
Erafte, vous fuivriez l'exemple d'un
jeune homme ? Hé que diront vo‹
amis ?

A R I. Ils diront ce qui leur plair.
Ce n'eft point dans le fonds que j‹
veüille fuivre Erafte , car j'aurois
honte de le fuivre : mais c'eft qu'E-
rafte eft dans la voie dans laquelle
je veux marcher , parce que je fçai
que c'eft la meilleure. Il eft vrai que
je l'aime lui-même & que l'exemple qu'il me montre me détermine
à faire ce que je croi devoir faire.
Mais je fuïs ma raifon, j'obeïs à l'E-
vangile, je marche dans le chemin
qui me conduit où je veux aller :
qu'il y ait des enfans ou des fous
qui me précedent je ne la quitterai
point : car quand un homme à des
affaires il va dans les rües fans fe
mettre en peine de ceux qu'il y
trouve ;

J'ai paffé plus de la moitié de ma
vie dans le trouble des affaires , &
dans les divertiffemens ordinaires

aux gens du monde. Toutes les études que j'ai faites n'ont servi qu'à
corrompre ma raison : Je n'ai lû
que pour paroître & pour parler,
pour acquerir la qualité d'esprit
fort & de sçavant homme ; & je ne
sçai presque rien de la Religion &
de la Morale Chrêtienne que ce que
je vous en ai oüi dire.

N'est-il pas temps que je songe à
moi, que je m'applique aux choses
essencieles, & que je fasse pénitence
des déreglemens de ma vie passée.

J'avois promis à Eraste, que nous
étudierions ensemble l'Ecriture Ste.
je veux lui tenir parole, sa rétraite
ne m'en doit pas dispenser, car la
rétraite est necessaire à cette étude.
Enfin si je n'avois en tête de tra-
vailler autant que je le pourrai à
l'entiere conversion de mon ami, je
surprendrois bien Eraste, car je se-
rois avant lui dans le lieu où il se
va rendre : mais j'espere le surprendre d'une autre maniere, peut-être
que je ne l'irai pas trouver seul, le
cœur de mon ami est changé, &

comme il est difficile qu'il puisse vivre chrêtiennement à la vûë des compagnons de ses débauches, qui le persecuteroient sans cesse, je croi qu'il ne sera pas difficile de le résoudre à la rétraite.

TH E. Vous avez raison, Aristarque, je vous conseille de faire à vôtre ami l'histoire d'Eraste telle que vous venez de me la raconter, & d'ajoûter à cela le dessein que vous avez de le suivre. S'il veut se convertir, je suis sûr qu'il souhaite quelque lieu de rétraite ; car apparemment il ne se sent pas assez genereux pour vaincre la honte que le monde fait à ceux qui suivent JESUS-CHRIST. Ainsi l'ouverture que vous lui proposerez, & vôtre exemple pourront bien le déterminer.

Il n'y a rien de plus difficile à un homme que le monde considere, que de se résoudre à passer pour fou & pour insensé. Mais quand on pense qu'on quitte ce monde & qu'on suit un ami tel que vous êtes, l'imagination ne trouble plus si fort la raition : car l’imagination se console par l’exemple,& si elle se réprésente des railleurs & des mocqueurs de nôtre conduite , elle se les réprésente comme des personnes éloignées & auxquelles on ne tient plus.

Vôtre ami qui s’est raillé si souvent de ceux qu’il veut imiter,sçait mieux que personne la difficulté qu’il y a à vivre parmi le monde & à ne s’y pas conformer. Il sçait par experience que ceux qui veulent vivre avec pieté selon Jesus-Christ souffriront persecution.Il se souvient de ce qu’il a fait aux autres;& peut-être qu’il ne peut se résoudre à se condamner lui-même en conversant d’une maniere toute nouvele avec les mêmes personnes.

Ainsi vous le soulagerez fort si vous lui proposez vôtre exemple;& vous ne manquerez pas de le déterminer, si, comme vous dites, il est dans le dessein de se convertir.

A r i. Je croi même , Theodore, que nous ne pouvons ni lui ni moi vivre dans le monde sans nous mettre dans un tres-grand danger de nous perdre. Les plaisirs que nous avons goûtez, & les honneurs que nous avons reçûs ont laissé dans nôtre imagination des vestiges qui les réprésentent & qui nous sollicitant sans cesse pourroient bien nous surprendre & nous pervertir.

T H E. Vous ne vous trompez pas, Aristarque. Il suffit de joüir de quelque plaisir pour en dévenir esclave ; & l'on ne peut se mettre en veüe pour se faire mocquer de soi. Lors que l'imagination est salie la moindre chose la trouble. Ainsi ceux qui ont goûté les plaisirs se doivent priver de beaucoup de choses dont la joüissance peut être permise aux autres hommes. Et lors que nôtre reputation nous expose trop, nous nous conformons naturelement à l'esprit & aux manieres du monde; ainsi nous devons nous cacher, si nous voulons vivre selon les lumieres de la raison & de l'Evangile.

On prend tel air & telle posture qu'on veut lors qu'on est seul:Mais

on perd cette forte de liberté, lors
qu'on eft en compagnie; car la préfence des autres répand naturelement fur nôtre vifage un air conforme à la qualité & à la difpofition d'efprit de ceux qui nous parlent.

C'eft la même chofe de nôtre
conduite ; nous vivons comme il
nous plaît lors que nous fommes
feuls ; mais nous fommes comme
obligés de vivre d'opinion & de
nous conformer au fiecle , lors que
nous fommes trop expofez , & que
nous craignons la cenfure de trop
de gens.

Nous fommes faits pour vivre en
focieté les uns avec les autres, & l'u-
nion naturele que nous avons avec
les hommes eft préfentement plus
forte & plus étroite que celle que
nous avons avec Dieu. De forte que
nous abandonnons fouvent la verité & la juftice par complaifance :
nous rompons avec Dieu, de peur de
bleffer l'amitié des hommes : Nous
préferons leurs applaudiffemens au

témoignage de nôtre confcience ;
& nous ne craignons pas tant les
réproches fecrets de nôtre raifon,
ni les ménaces terribles du Dieu vivant, que les fotes railleries des gens
du monde.

Ainfi, Ariftarque, vous avez raifon de croire que l'air du monde eft
extrémement contagieux pour vous
& pour vôtre ami. Suivez coura-
geufement vôtre lumiere ; allez re-
fpirer dans quelque folitude un air
qui ne foit pas corrompu ; fuyez
l'ennemi que vous craignez de
combattre ; rompez les liens qui
vous tiennent captif, mais rompez-
les avec éclat, afin que vous étant
rendu ridicule aux yeux des hommes charnels, vous ayiez honte de
paroître devant eux : que vôtre imagination ne vous follicite plus au
retour, & qu'elle vous excite plûtôt à vous cacher pour vivre dans
la liberté que vous defirez.

Les lieux de rétraite font principalement pour ceux qui font obligez à faire une ferieufe pénitence,

pour ceux qui reſſemblent à vôtre ami que vous nous avez dépeint comme un homme qui a ſuivi aveuglement tous les mouvemens de ſes paſſions ; car l'auſterité de la vie eſt neceſſaire à ceux qui ont vêcu dans la volupté ; & les exercices continüels d'humiliation qu'on pratique dans ces lieux ſont les plus aſſurez moyens pour abbattre l'orgueil de l'eſprit.

Tâchez donc de ſauver vôtre ami & de vous ſauver avec lui. Répreſentez-lui toutes ces raiſons pour le déterminer, & ſoûtenez-vous l'un l'autre. Le conſeil que je vous donne eſt bien contraire aux ſentimens ordinaires de l'amitié, mais vous voulez bien que je vous ſouhaite les vrais-biens, & que je vous perde en apparence pour quelque temps, afin que je me rétrouve uni avec vous par des liens auſſi puiſſans que Dieu même, & auſſi durables que l'Eternité.

F I N.

www.ingramcontent.com/pod-product-compliance
Lightning Source LLC
LaVergne TN
LVHW021223170726
843501LV00003B/645